SAN BARTOLOMEU

Editora Appris Ltda.
1.ª Edição - Copyright© 2023 do autor
Direitos de Edição Reservados à Editora Appris Ltda.

Nenhuma parte desta obra poderá ser utilizada indevidamente, sem estar de acordo com a Lei nº 9.610/98. Se incorreções forem encontradas, serão de exclusiva responsabilidade de seus organizadores. Foi realizado o Depósito Legal na Fundação Biblioteca Nacional, de acordo com as Leis nºs 10.994, de 14/12/2004, e 12.192, de 14/01/2010.

Catalogação na Fonte
Elaborado por: Josefina A. S. Guedes
Bibliotecária CRB 9/870

G283s 2023	Gavião Neto, João Pires San Bartolomeu / João Pires Gavião Neto. – 1. ed. – Curitiba : Appris, 2023. 241 p. ; 23 cm. ISBN 978-65-250-4786-7 1. Ficção brasileira. I. Título. CDD – B869.3

Appris
editora

Editora e Livraria Appris Ltda.
Av. Manoel Ribas, 2265 – Mercês
Curitiba/PR – CEP: 80810-002
Tel. (41) 3156 - 4731
www.editoraappris.com.br

Printed in Brazil
Impresso no Brasil

João Pires Gavião Neto

SAN BARTOLOMEU

FICHA TÉCNICA

EDITORIAL	Augusto V. de A. Coelho
	Sara C. de Andrade Coelho
COMITÊ EDITORIAL	Marli Caetano
	Andréa Barbosa Gouveia (UFPR)
	Jacques de Lima Ferreira (UP)
	Marilda Aparecida Behrens (PUCPR)
	Ana El Achkar (UNIVERSO/RJ)
	Conrado Moreira Mendes (PUC-MG)
	Eliete Correia dos Santos (UEPB)
	Fabiano Santos (UERJ/IESP)
	Francinete Fernandes de Sousa (UEPB)
	Francisco Carlos Duarte (PUCPR)
	Francisco de Assis (Fiam-Faam, SP, Brasil)
	Juliana Reichert Assunção Tonelli (UEL)
	Maria Aparecida Barbosa (USP)
	Maria Helena Zamora (PUC-Rio)
	Maria Margarida de Andrade (Umack)
	Roque Ismael da Costa Güllich (UFFS)
	Toni Reis (UFPR)
	Valdomiro de Oliveira (UFPR)
	Valério Brusamolin (IFPR)
SUPERVISOR DA PRODUÇÃO	Renata Cristina Lopes Miccelli
PRODUÇÃO EDITORIAL	William Rodrigues
REVISÃO	Andrea Bassoto Gatto
DIAGRAMAÇÃO	Bruno Ferreira Nascimento
CAPA	Sheila Alves

AGRADECIMENTO E DEDICATÓRIA

Agradeço de mente, coração e alma a todos os conhecidos, amigos e parentes. Aos vivos e também àqueles que não estão mais aqui entre nós, mas que, direta ou indiretamente, sempre acreditaram na minha loucura e me ajudaram a assentar uma a uma, mais de sessenta mil e novecentas palavras que, agregadas ao final, realizaram o meu sonho de escrever um livro.

Agradeço também ao povo caballero, que me permitiu "viajar" livremente em seu território.

Deixo também registrada a minha eterna gratidão para a Renata Gavião e a pequena Juliete, pelas preciosas intervenções e interjeições, que vieram para quebrar as quinas e arredondar a estética da minha escrita seca e rude, tal qual a vida vivida pelo vô Joshua.

Nesse mesmo sentido, não poderia esquecer da Yasmin Barlati, que com sua mãozinha de anjo e um simples lápis conseguiu materializar locais e imagens que habitaram apenas o meu imaginário, cheio de pesadelos.

Dedico este livro, ainda, à Tina, que tal qual o Sultão e o Tupac, mesmo falando "cachorrês", durante quatorze anos ajudou-me a compreender o amor em seu sentido mais amplo, mais desprendido e mais belo.

E, por fim, deixo aqui a minha eterna lembrança, carinho e afeto em memória da "Ma", que foi o meu amor platônico.

O autor.

Eu, eu não sou um literato e nem sou um doutor; e nem tampouco portador ou dono da verdade; e nem me julgo a capacidade; e nem a cultura fina; e nem sou aquela rima que oprime a vida do povo; e nem sou aquele recado novo apregoando outra verdade; e nem sou aquela barbaridade que tanta gente opina...

(Adelar Bertussi)

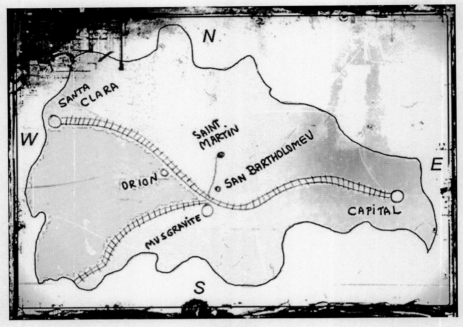

Mapa da República de Caballa

Caballa no Globo Terrestre – Representação sem escalas

SUMÁRIO

CAPÍTULO I
O ORIENTE, FINALMENTE! 13

CAPÍTULO II
ME AJUDA, VÔ! 17

CAPÍTULO III
LORENZO DE MÉDICI 21

CAPÍTULO IV
TCHAU, SULTÃO. VAI COM DEUS 23

CAPÍTULO V
O ARMAZÉM 29

CAPÍTULO VI
LUNA LLENA 35

CAPÍTULO VII
QUINZE ANOS 39

CAPÍTULO VIII
ARMSTRONG E PELÉ 43

CAPÍTULO IX
A ÚLTIMA CEIA 47

CAPÍTULO X
A MORTE 51

CAPÍTULO XI
A CARTA PÓSTUMA 59

CAPÍTULO XII
FAMÍLIA 63

CAPÍTULO XIII
ALEGRE HORA DA PARTIDA 69

CAPÍTULO XIV
"TINA EU TE AMO" 73

CAPÍTULO XV
A FUGA..79

CAPÍTULO XVI
LOUISE..83

CAPÍTULO XVII
"WEST SIDE"..89

CAPÍTULO XVIII
TELEGRAMAS..93

CAPÍTULO XIX
ESTAMOS INDO DE VOLTA PRA CASA........................97

CAPÍTULO XX
O EMPREENDEDOR..101

CAPÍTULO XXI
SOLIDÃO..107

CAPÍTULO XXII
O JULGAMENTO..111

CAPÍTULO XXIII
COISAS DA VIDA..115

CAPÍTULO XXIV
MUDANÇAS..119

CAPÍTULO XXV
O CASAMENTO...123

CAPÍTULO XXVI
PAPAI..127

CAPÍTULO XXVII
ADIÓS CASABLANCA...131

CAPÍTULO XXVIII
O PÁSSARO MORREU COM O VERÃO..........................141

CAPÍTULO XXIX
SOPHIA..151

CAPÍTULO XXX
SAINDO DO ARMÁRIO 155

CAPÍTULO XXXI
O MORRO DOS VENTOS UIVANTES – A LOUCURA 159

CAPÍTULO XXXII
O PERDÃO 163

CAPÍTULO XXXIII
FELIZ NAVIDAD 173

CAPÍTULO XXXIV
QUE FELICIDADE! 179

CAPÍTULO XXXV
SENTADO À BEIRA DO CAMINHO 181

CAPÍTULO XXXVI
DODÓI 187

CAPÍTULO XXXVII
SALVE SANTA CLARA 191

CAPÍTULO XXXVIII
CUIDA BEM DELE, VÔ 195

CAPÍTULO XXXIX
O MUNDO É UMA ALDEIA 201

CAPÍTULO XL
O PACIFICADOR 207

CAPÍTULO XLI
A DOR 215

CAPÍTULO XLII
MEU DEUS! 223

CAPÍTULO XLIII
BALANÇO 227

CAPÍTULO XLIV
SAN BARTOLOMEU 231

Capítulo I

O Oriente, finalmente!

O relógio do saguão central do Aeroporto General Cadeio, em Santa Clara, apontava 16h. Faltavam ainda sessenta minutos para a decolagem.

Naquele dia, a chegada do músico Cheb Khaled mobilizou a segurança e causou agitação extra no aeroporto. "Que bacana", pensou David. A apresentação do cantor argelino, autor do hit "El Arbi", lotaria o Santa Clarita no final de semana, fato corriqueiro na história de seu hotel.

Com a idade, a vista vai cansando. David retirou os óculos e, impressionado com a inteligência dos porquinhos, guardou na mochila "A Revolução dos Bichos", livro lançado pelo escritor inglês George Orwell há mais de meio século, mas que se mantém atualizado por si só.

Logo depois, desembrulhou e colocou em seu walkman o CD que havia comprado há pouco, "Hybrid Theory" – era a estreia da banda californiana Linkin Park, obra musical que liderou as vendas mundiais naquele ano, com quatro milhões e oitocentos mil CDs vendidos.

De repente, mergulhado na música, olhou em direção a uma menininha linda, que lhe sorriu sem os dentes do meio. Aquele sorriso inocente trouxe recordações de sua filha Sophia quando pequenina. Desligou o aparelho e puxou conversa com a garotinha.

— Qual o seu nome, pequena?

— Sofia – respondeu de pronto a menina.

David sentiu uma estranha vontade de chorar com aquela coincidência. Estava ficando velho.

Então caminhou até uma loja de conveniências e comprou uma lata de refrigerante com acentuado sabor cítrico – era o que ele mais gostava. Pegou também uma barrinha de chocolate e, após pedir autorização à mãe, entregou para a garotinha. Como pagamento, recebeu um abraço carinhoso daquele ser iluminado.

Era sexta-feira, dezessete de agosto do ano de dois mil e um. Sua viagem ao Oriente estava três décadas – isso mesmo –, exatamente trinta e um anos, atrasada.

Mas fazer o quê? O tempo havia passado e, como diria a sua mãe: "A gente faz um plano, Deus faz outro".

Há pouco mais de dois meses, ele havia completado 50 anos, meio século de vida, tempo em que colecionou vitórias e sofrimentos.

Se por um lado o aspecto financeiro e profissional transcorrera no mais absoluto sucesso, David sabia que, caso perdurasse os mesmos setenta e poucos anos do seu avô Joshua, já teria transcorrido dois terços de sua vida e ainda não encontrara o tempero ideal que fizesse valer a sua existência.

O tempero que faltava tinha nome – Amor – e tinha também sobrenome – Tina.

A alegria de sua vida dependeria daquela menina carinhosa. David fora covarde quando se dedicou de corpo e alma aos negócios e a um casamento sem vida, abrindo mão de um amor que tinha tudo para dar certo.

Foram quarenta anos em que viveu mergulhado num amor platônico e ausente. Agora, talvez fosse tarde. Tina teria então 47 anos, talvez fosse avó, talvez fosse uma mulher chata e mal-amada, talvez tivesse morrido. Pessoas morrem.

Pelo menos o conforto financeiro e os passeios que pretendia fazer pudessem trazer alguma alegria. Seu destino era a Armênia, o Irã, as pirâmides do Egito e o pôr do sol no porto de Alexandria.

Queria refazer os caminhos do velho sheik, queria ver o quintal da casa onde o avô vivera há mais de cem anos. Também pretendia conhecer os parentes da avó Giocconda, cuja família toda havia criado raízes na terra dos faraós.

Seria uma viagem recheada de histórias pessoais, cujo desfrute cultural por certo também aconteceria. Na volta, tinha a intenção de conhecer Londres e Liverpool para ver pessoalmente alguns locais onde pisaram Beatles e Pink Floyd.

Iria visitar os meninos, um na Austrália, o outro no Canadá. Por derradeiro, faria uma passagem de turismo no Brasil, onde pretendia assistir a uma partida de futebol do seu "timão" do coração.

Os próximos doze meses seriam sabáticos. David queria caminhar, viajar, passear sem compromissos, fazer aquilo que todos desejam, mas quase nunca conseguem.

Seu primeiro destino seria a cidade do imperador Julio Cesar. Passaria alguns dias na companhia da filha Sophia, a estudiosa médica que fazia especialização em Neurologia na velha Roma.

Aproveitaria a viagem para devolver as pedras de estimação do velho sheik no leito do Rio Tibre. E jogaria a sua pedra de estimação, aquela com a qual escrevera a declaração de amor na calçada da escola em San Bartolomeu.

Parecia ter sido no dia anterior: *"Tina, eu te amo"*.

Quando o relógio apontou 16h30, uma voz feminina e sensual ecoou na grande sala de embarque.

— Atenção, passageiros do voo AZ675 da Alitalia, proveniente de São Paulo com destino a Roma, embarque imediato no portão quatro. Desejamos uma boa viagem.

David guardou seu pequeno aparelho de som, segurou a bagagem de mão e seguiu para o embarque. Ainda no saguão do aeroporto, viu pela última vez a garotinha. A menina de coraçãozinho puro sorriu para ele. Depois, com as mãozinhas cheias de chocolate, jogou um beijo.

Passando em frente a uma loja de CDs, lembrou-se do dia em que o irmão Rafael partira. E ali, naquele momento, vinha o som e a cena de um rapaz tocando saxofone. A música era "Luzes da Ribalta" ou *Candilejas* para os espanhóis. Sofia, Sophia, tanto faz. A verdade é que o mundo tem muitas, muitas pessoas especiais.

A cena da menininha sorridente ficando para trás para talvez nunca mais ser vista, aquele fundo musical, aquela fase da vida. Era inegável que David vivia um período de sentimentos à flor da pele ou, como diria seu parente distante Julio Iglesias, "a flor de piel".

O avião era mais ágil e mais confortável que o lombo de sua mula "Faxina".

No entanto trinta e um anos passaram mais rápido do que qualquer galope, que qualquer voo.

Trinta e um anos escritos e subscritos pelas letras tortas, pelos garranchos do destino.

Trinta e um anos consumados, cruelmente findos, de coração empedernido, sem direito a retoques, sem direito a algo novo.

Vai, meu amigo "Boeing", seu cara de tubarão. Corre, decola, levanta rápido esse corpanzil do chão e como a "Skyline Pigeon", do Elton John, *transporte-me para um mundo mais feliz, longe deste quarto escuro. Tanto faz que seja para sorrir ou para chorar, para viver ou para morrer...*

Capítulo II

Me ajuda, vô!

"Tina, você é uma menina muito bonita, eu gosto de você".

Não!

"Tina, eu gosto muito de você".

Não!

"Tina, eu te amo – David".

Assim estava bom. Agora era só colocar o nome dela dentro de um coração, dobrar com carinho e entregar. No entanto entre o desejo de entregar o bilhete e a ação para fazê-lo havia um abismo. Faltava coragem. Era melhor pedir ajuda para o vô, pois ele sempre guardaria seus segredos.

— Vô, eu posso te contar um segredo?

— Claro, David. Você é meu amigão do coração.

— Primeiro, eu queria saber uma coisa, vô: com 10 anos a gente pode gostar de uma menina?

— Com certeza, moleque. O amor não tem idade.

— É que eu arrumei uma namorada na escola. O nome dela é Tina. É a filha do seu Ramon Alcazar. Eu adoro ela.

— Que bacana! Quer dizer que o meu neto está apaixonado? Mas me diga uma coisa: ela já sabe disso?

— Ainda não, vô. Mas um dia eu vou me casar com ela. Eu preciso entregar um bilhete pra ela e estou com vergonha. O senhor pode me ajudar?

— Veja bem, David… Eu posso te dar algumas dicas, mas têm coisas na vida que somente nós podemos fazer por nós mesmos. Conquistar o coração de uma donzela é uma delas.

David corou, um pouco decepcionado. O vô desde cedo fazia questão de transferir responsabilidades.

— Me ajuda, vô. Como o senhor faria pra entregar o bilhete pra ela sem ninguém ficar sabendo?

— Primeiramente, vou te falar uma coisa. Nunca, jamais tenha vergonha dos seus sentimentos, ainda mais tratando-se de algo tão belo como essa paixão que você tem pela galeguinha.

— Vô, por que "galeguinha"?

— É que antigamente havia uma região chamada Galiza ou Galícia, que mais tarde, em meados do século passado, passou a fazer parte do reino da Espanha. Quem nasce na Galícia é "galego". Assim, nós temos o costume de chamar os espanhóis nativos de "galegos". O seu Ramon, pai da Tina, é conhecido aqui em Saint Martin como galego. O seu avô, pai do seu pai também era. Entendeu?

— Sim, vô. Mas o que você pode fazer pra me ajudar?

— Então... Faz o seguinte: vai ali naquele balcão que você mais gosta e pega bastante doces, balas e guloseimas. Aí você pede pra Fanni fazer um pacote bem bonito, coloca o bilhete dentro do pacote e amanhã, na hora do recreio, logo após o lanche, você vai em direção a ela, na frente das amiguinhas, entrega o presentinho e fala em voz alta para todos ouvirem que você gosta muito dela.

— Será que não vão fazer gozação comigo?

— Alguns meninos ou meninas vão tentar chatear você, mas tenha certeza de que será por inveja da sua coragem.

— O senhor acha que vai dar certo, vô?

— Não sei... Pode ser que sim, pode ser que não. Tudo na vida tem riscos. Essa é a opinião de um homem que já viveu essas emoções há cinquenta anos. Na vida tudo tem riscos.

Era o avô novamente chamando o menino para as possíveis consequências.

— Quando o senhor conheceu a vó Giocconda, o senhor não teve vergonha de se declarar pra ela?

— Não! Inclusive, se ela estivesse aqui entre nós, eu declararia meu amor por ela mil vezes ao dia.

— Poxa, vô, eu gosto tanto de falar com o senhor. O senhor sempre tem ideias boas.

— Vai lá, moleque. Pega os doces para a sua princesinha e não se esqueça do embrulho bem bonito. A Fanni faz pra você.

No dia seguinte, o vô Josué receberia novamente a visita do seu neto preferido. Esbaforido, o menino vinha cheio de novidades. O avô não cabia em si de ver aquela alegria inocente.

Aquele homem, que viu seus pais e irmãos desaparecem pela brutalidade da guerra, tinha agora a satisfação de desfrutar da doçura desse presente divino chamado família.

— Vô, a Tina adorou o presente. No final da aula, ela me disse que leu o bilhete e que também me ama. Me deu um beijo no rosto, mas pediu para eu guardar segredo. Meu coração até disparou de alegria.

— Mas, afinal, o que você escreveu no bilhete?

— Eu escrevi que eu "amava ela".

— Amava ou ama?

— Amo, vô. Eu amo a Tina e vou me casar com ela. Eu quero que seja um amor igual ao seu e da vó Giocconda. Só que eu não quero que ela morra tão cedo como a vó.

— Tomara, David. Tomara que você não sofra como eu sofri. A perda da sua avó dói até hoje nesse meu coração. – O nó na garganta do velho avô surgiu ao pronunciar a última frase.

— Obrigado, vô. Eu amo você também. Amo a mamãe, o papai, você, o Biel, o Dito, a Giovanna, a Tina e o Sultão. Vocês sempre estarão no meu coração.

David estava encantado pelos olhos da espanholinha. Sua paixão chegava a doer. No dia seguinte, após o intervalo, encontrou um bilhete e uma bala embrulhada no meio de seu caderno:

— David, eu também te amo. Um dia vou me casar com você.

Muitos anos mais tarde, deitado num leito de hospital e mergulhado numa de suas leituras, David lembrar-se-ia daquele dia em que se sentiu como Bentinho ao admirar os olhos de Capitu.

Capítulo III

Lorenzo de Médici

Se existiu no mundo uma amizade pura, bonita e despretensiosa, essa aconteceu entre David e o menino Lorenzo de Médici.

O nome do garoto, obviamente, foi uma homenagem do pai, apaixonado por história, ao estadista florentino de mesmo nome, nascido em primeiro de janeiro de mil quatrocentos e quarenta e nove, que ficou conhecido como "Lorenzo, o Magnífico", pela cultura, pelo poder de pacificação e pela capacidade administrativa com que governou a sua região natal – Florença –, centro-norte da Itália.

O Lorenzo, amigo de David era um garoto moreno, dentes extremamente brancos, gordinho, fortinho e de um senso de humor imperdível. Dada a sua complexidade física avantajada, no primeiro ano de escola acabou sendo apelidado de Jumbo e dessa alcunha nunca mais se livrou.

O Jumbo era uma figura ímpar: apesar de sua procedência pobre e humilde, tinha senso de humor marcante e divertia a todos por onde passava.

Além da personalidade leve e do aspecto extremamente alegre, o menino também tinha uma educação invejável. Aprendera desde cedo a tirar os sapatos para entrar em casa e assim o fazia em outros lares. Também tinha o hábito de lavar as mãos quando chegava em sua residência ou na casa de amigos.

Antes de qualquer refeição, o garoto permanecia em um silêncio respeitoso por alguns instantes. Naqueles momentos ficava fácil perceber a religiosidade e o espírito de gratidão que norteava a vida de sua família.

Dia sim, dia não, após as aulas David levava Lorenzo, ou melhor, Jumbo, para almoçar em sua casa. Era uma alegria para Anahide, a mãe de David, ver aquele meninão comendo bastante, sem recusar esse ou aquele alimento.

Desde os 9 ou 10 anos, o menino Lorenzo aprendeu a lavar as louças – sua mãe dizia que se havia pratos para lavar é porque alguém também havia recebido a benção da alimentação.

Em algumas ocasiões, Anahide lavava apenas as panelas e deixava as louças mais leves para o gordinho, que apesar de não ser extremamente zeloso, acabava dando conta do recado.

Depois de cumprida sua tarefa, antes de ir para casa ainda tinha, invariavelmente, que fazer estradinhas no quintal para que o irmão mais novo de David brincasse com seus carrinhos de madeira. O pequeno Dito também adorava o Jumbo.

Lorenzo cresceu assim e assim viveu. Foi sempre bom filho, bom irmão, bom amigo, bom marido, bom pai. Era um espírito evoluído, teve uma vida pautada na ética e no entendimento, era resignado nas derrotas e comedido nas vitórias. Quando seu time do coração, o Real Madrid, perdia, ele próprio fazia brincadeiras com a situação. No entanto quando seu time vencia os adversários, ele mantinha silêncio para não chatear os amigos.

Jumbo era uma pessoa rara, que ouvia muito mais do que falava, que estava sempre disposto a escutar as pessoas, sempre tinha um bom conselho, uma palavra de conforto e de esperança. Em sua curta vida, o menino forte e alegre jamais perdeu um segundo da sua existência com qualquer tipo de imprecação.

No entanto suas mágoas eram sufocadas dentro do próprio peito. Com receio de chatear as pessoas, o menino, educado num lar muito humilde, infelizmente herdou dos pais um certo receio, uma certa subserviência, que o impediam de externar muito seus pensamentos. O mundo certamente perdeu com esse bloqueio. Por mais paradoxal que fosse, a verdade é que Lorenzo poderia ter dado muito mais de si se não fosse a sua quietude e a sua servidão.

Desde o primeiro dia de aula, David sabia que Jumbo, aquele gordinho sorridente, seria o seu grande amigo. E assim, tal como Horácio e Hamlet, a amizade de Lorenzo e David seria por toda vida. Por toda a eternidade...

Capítulo IV

Tchau, Sultão. Vai com Deus

Dezembro chegara e trouxera consigo, além do cheiro de gérbera, o som das músicas natalinas.

Antes disso chegariam as tão sonhadas férias escolares. David, Gabriel e Lorenzo tinham toda a felicidade do mundo aos seus pés. Ou não...

Exatamente no dia de Santa Luzia, treze de dezembro de mil novecentos e sessenta e um, o Sultão caiu doente.

Naquela manhã, por volta das 6h, Julio Alphonso, pai de David, deparou-se com um corpo arreado na terra fria e o olhar de quem se preparava para a morte.

Julio sabia, pela idade e pelos sinais, que aquele olhar cansado era derradeiro. Apesar de todos os recursos disponíveis na pequena aldeia, em três ou quatro dias a despedida aconteceu.

David, sua mãe e o avô Joshua, emocionados, choraram sem nenhum constrangimento. Gabriel não deu demonstração de tristeza e Julio, embora extremamente magoado com a perda, calado tratou de sepultar o corpinho do vira-lata à sombra de um grande eucalipto na entrada principal da fazenda.

O avô, David, Gabriel e Julio Cesar fizeram questão de colocar o corpo do cãozinho dentro de uma caixa de papelão. David desenhou e recortou um cachorrinho de papel, depois escreveu no desenho: "Sultão – Vai com Deus". Finalmente, colocaram dentro da caixa o desenho e também o potinho de alumínio que Sultão usava para beber água. Aos grandes amigos, grandes deferências.

Três dias após a morte do amigo canino, Julio, que há pouco tempo havia passado enormes sustos e preocupações com a gravidez da própria esposa, chegou da fazenda por volta do meio-dia anunciando que Inês, esposa de Jeremias, seu administrador, havia perdido o bebê. O episódio foi triste, assustador. A gravidez de quase cinco meses não vinha bem e naquela madrugada o aborto espontâneo aconteceu.

Jeremias nascera e crescera na fazenda do pai de Julio Alphonso. Lidando com gado desde menino, sempre fora empregado da família, mas a amizade e a cumplicidade com o filho do patrão extrapolavam os limites profissionais.

Tornaram-se compadres, foi o amigo Julio que batizou o filho único de Jeremias. O menino, por distinta consideração, recebeu o nome de Julio Cesar. Pouco tempo depois, David, filho de Julio Alphonso, receberia as bênçãos dos padrinhos Jeremias e Inês.

SAN BARTOLOMEU

Bocas maledicentes insistiam na intriga de que o menino Julio Cesar era filho do próprio Julio Alphonso, mas ninguém jamais teve coragem de comentar esse assunto com o suposto pai, muito menos com aquele que criava o menino com todo esmero e amor do mundo.

Naquela manhã fria de dezembro, Jeremias, que já vinha cansado e preocupado com as dores da esposa, entrou em pânico. Sozinho naquela fazenda longínqua e sem nenhum recurso, assistiu incrédulo a sua mulher esvair-se em cólicas, lágrimas e sangue. O feto sem vida, expulso do corpo da mãe, jazia inerte.

Jeremias, o "Cigano", um homem bruto e rude, dentes de ouro, bigode espesso, chapéu de aba curva e facão pendurado no cinto, entristeceu-se vendo a morte do bebê e o sofrimento da esposa. Olhou para o rosto assustado de seu menino Julio César. Deus me ajude!

Como poderia um homem grosseiro como Jeremias criar aquele menino sem a ternura da mãe? Como é que Julio César cresceria sem os cuidados de Inês, que toda noite, antes de dormir, fazia questão de estender o cobertor suavemente sobre o corpo do garoto?

O fantasma da iminente perda da esposa levou o homem ao desespero, ao desequilíbrio emocional. E o pior de tudo era saber que jamais poderia passar a vergonha de chorar na presença do filho.

Julio Alphonso era um homem prático e rápido, o tipo de pessoa que crescia diante das dificuldades. Dirigiu-se imediatamente com seu Jeep à cidade de Saint Martin. Lá, contou o problema ao dono da farmácia, comprou os remédios indicados, contratou uma enfermeira e levou sua esposa Anahide e a vizinha Fanni para socorrerem a esposa do amigo.

Fanni sabia ajudar as pessoas, tinha sempre uma mensagem de otimismo. Era uma pessoa zelosa, carinhosa e cozinhava uma canja de frango como ninguém. Pouco antes do Natal, a esposa de Jeremias foi melhorando e as coisas foram voltando ao normal.

O pai de David levou o afilhado Julio Cesar para ficar na cidade por uns dias. David e Gabriel estimavam o menino da fazenda como se fosse um irmão. Curiosamente, o menino Julio Cesar tinha certa semelhança no jeito de caminhar e de falar de David.

A perda do bebezinho passou, mas, de certa forma, causou tristeza, apreensão e um vazio tão grande que o Natal daquele ano de mil novecentos e sessenta e um, apesar de todos os encantos, não conseguiu disfarçar.

David até então nunca passara por tristezas e perdas, assim, tão explícitas. De repente, em pouco mais de uma semana, assistiu à partida do Sultão e ao desespero de todo mundo com a morte do bebê e a saúde de sua madrinha e mãe de seu amigo.

O menino, com apenas 10 anos, começava a perceber que o mundo não era uma nuvem de algodão doce.

Numa manhã, cuja data entremeava Natal e Ano Novo, David, que sempre levantava cedo, ouviu uma conversa entre o pai e a mãe que o deixou em pânico.

— Anahide, o Ramon está se mudando para San Bartolomeu. A esposa dele recebeu uma grande herança da mãe e eles vão embora. O espanhol quer que eu compre o sítio dele. O que você acha?

David, atônito, atravessou a conversa.

— Pai, o seu Ramon Alcazar, pai da Tina, vai se mudar de Saint Martin?

— É isso mesmo que você ouviu, filho. Eles estão de mudança para San Bartolomeu. É um povoado próximo de Musgravite.

Quer dizer que Tina iria embora. Mudaria para bem longe e ele nunca mais a veria. David perdeu a vontade de beber o café com leite e mastigar o pão com manteiga feito em casa que a mãe acabara de tirar do forno de barro.

Passados alguns dias, o pai de David comprou o sítio de seu Ramon, que fazia divisa com a Fazenda de Julio, que crescia cada vez mais. Era uma aquisição de vulto, mas o velho Joshua dera toda a retaguarda para o genro. Ele adiantaria o dinheiro que faltasse e receberia em suaves prestações.

David admirava a forma como o avô havia enriquecido durante a vida. Sabia também que o pai nascera para ganhar dinheiro. Sogro e genro, os dois unidos tinham se tornado há muito tempo a maior fortuna da região de Saint Martin. Se vivessem muitos anos, com certeza comprariam todas as terras e todos os bois daquela aldeia montanhosa esquecida do resto do mundo.

Antes que janeiro chegasse "na metade", seu Ramon pagou as contas, despediu-se dos amigos, levantou acampamento e partiu de "mala e cuia" com a família.

Na hora da despedida, David deu um forte abraço na menina Tina, beijou-lhe a testa e saiu chorando um choro ressentido. Sabia que naquela idade, nada poderia fazer para superar a distância de sua namorada. O restante do dia assistiu impassível a uma chuva densa, triste, como se aquela tarde também lamentasse a abrupta separação daquele amor único.

Se é verdade que a arte imita a vida, a cena daquele menininho molhado com os olhos lacrimejados bem que poderia ter servido de inspiração para a música "Crying in the Rain", imortalizada na voz do grupo Everly Brothers pela primeira vez naquele mesmo longínquo ano de mil novecentos e sessenta e dois:

"♫ Você não vai distinguir a chuva das minhas lágrimas
Você nunca saberá que ainda te amo muito
Só restam mágoas
Eu vou chorar na chuva ♪".

E assim, aos 10 anos, "chorando na chuva", o garoto amargamente compreendeu que o mundo, de fato, não era uma nuvem, nem de algodão, muito menos era doce.

Capítulo V

O armazém

Joshua Kissajikian! O avô de David era o típico "homem do mundo". Nascido na Armênia no poente do século XIX, o velho comerciante havia rodado o mundo. Dono de agudo senso de observação, aprendera muito com suas andanças.

Aprendera a falar outros idiomas e, principalmente, a falar na hora certa, aprendera a ouvir e a dar atenção às pessoas, a ser dócil e gentil. Aprendera a enxergar oportunidades e ganhar dinheiro, mas aprendera, sobretudo, a acreditar na força do trabalho e do estudo como fontes primordiais de evolução espiritual.

Quando se mudou para o Ocidente trouxe uma boa fortuna da vida de mercador que, somada à herança da jovem esposa, proporcionou ao jovem casal uma estabilidade rara naquela época de guerras.

A partir da década de 20, a Ilha de Caballa, que recentemente proclamara sua independência da Espanha, promovia grandes incentivos aos imigrantes, principalmente àqueles que tinham interesse em viver no interior. Joshua conheceu a distante aldeia de Saint Martin e gostou muito daquele promontório de serras. Era, sem dúvida, mais bonito que aquela infinidade de pedras de Zahedan.

Pensando em ficar, Joshua adquiriu uma imensidão de terras a preço extremamente baixo e tornou-se o maior proprietário imobiliário do local. Logo depois, com a ajuda da jovem esposa Giocconda, adquiriu uma gleba no centro do povoado, construiu um prédio no local e abriu um grande armazém, dando origem ao maior empreendimento comercial do lugar.

Com boa reserva de recursos financeiros, Joshua sempre adquiriu suas mercadorias à vista e nunca teve problemas em vender a prazo. Seu estoque sempre amplo e atualizado, sua forma cordata de tratar os clientes, aliados às facilidades de crédito, praticamente monopolizaram o comércio de secos e molhados no povoado desde a inauguração, nos idos de mil novecentos e trinta.

Posteriormente, com a morte da esposa, percebeu que não tinha condições de morar sozinho com a filha recém-nascida. Por isso construiu uma pousada ao lado do armazém que, a exemplo do comércio, também não tinha concorrentes em Saint Martin. O velho do Oriente sabia ganhar dinheiro.

~

Naquele final de ano, David, o neto mais velho de Joshua, que havia completado 12 anos, entraria em férias escolares. Havia chegado o momento de o menino despertar para a vida.

— David, o vô pediu para você ir ao armazém depois do almoço. Ele quer falar com você.

— Mãe, ele disse o que quer comigo? Será que ele quer me contar sobre o filme?

Vô Joshua acabara de chegar de Musgravite onde, além de resolver negócios particulares, aproveitou para assistir a um filme que tocara seu passado mais remoto.

O motivo de tamanho interesse do velho sheik pelo filme era óbvio: a história contava as façanhas do britânico Thomas Edward Lawrence, arqueólogo, estrategista militar e escritor, que se notabilizou como um grande aventureiro em batalhas a favor das tribos árabes contra o Império Turco-Otomano na segunda década do século XX.

Lawrence da Arábia fora lançado nos cinemas em quatro de fevereiro daquele ano de mil novecentos e sessenta e três, com a fascinante interpretação do ator irlandês Peter O'Toole – além de contar com a participação do ator coadjuvante, o extraordinário egípcio Michel Demitri Shalhoub, também conhecido como Omar Sharif.

O filme, para enorme satisfação do velho sheik, ganharia sete estatuetas do Prêmio Oscar, sendo considerado o épico dos épicos.

— Não, filho. O vô apenas falou que precisa conversar um assunto sério com você.

Curioso como todo garoto de 12 anos, David almoçou rápido, escovou os dentes impecavelmente, como sempre fazia desde a mais tenra idade, e caminhou até o armazém do avô Josué. Deparou-se com o avô de rosto colado no rádio.

Na tarde de sexta-feira, vinte e dois de novembro de mil novecentos e sessenta e três, os meios de comunicação traziam notícias imprecisas sobre o assassinato do presidente norte-americano. Mas era fato já consumado que John Fitzgerald Kennedy, o jovem presidente dos Estados Unidos da América, com apenas 46 anos, fora assassinado com um tiro de fuzil. O projétil explodira sua cabeça, por volta de 12h30, na cidade de Dallas, estado do Texas.

David, um garoto caipira do interior, não tinha noção do tamanho da notícia, mas via a apreensão nos olhos do avô, que tantas guerras já vivera e agora morria de medo da tão falada Guerra Fria.

— David, você já completou 12 anos e sabe que está ficando moço. Por isso eu queria convidá-lo para trabalhar aqui no armazém. Estou ficando velho e gostaria que você fosse tomando conhecimento do negócio. Eu confio muito no León, mas ele não é meu sucessor. Seu pai é obcecado por gado. Sua mãe nasceu para as prendas do lar. Meu herdeiro é você.

— Trabalhar todos os dias, vô?

— Isso, David. Está na hora de começar a correr atrás dos seus interesses. Graças a Deus você tem uma família bastante próspera, mas é fundamental que aprenda a negociar, a se relacionar com as pessoas, a conquistar seus objetivos. Eu sei que não é fácil, mas está na hora de você entender que nada cai do céu.

— Tá certo, vô. Eu concordo com você. Começo quando?

— No primeiro dia das suas férias, pode ser?

O avô estava testando se o neto estava realmente interessado.

— Combinado, vô. Na segunda-feira, dia dois de dezembro, eu começo. Eu chego aqui antes do senhor.

— David, vamos combinar apenas uma condição. Durante o período de trabalho tentaremos ser o mais profissional possível. Será bom, principalmente pra você.

— Com certeza, vô. Acredito em suas palavras. Vô, só mais uma pergunta... Eu fiquei curioso em saber por que o papai chama o Jeremias de cigano? Você sabe me explicar?

— Porque o Jeremias é cigano. Ele é descendente de um povo que vivia numa região da Tchecoslováquia chamada Boêmia. Os ciganos são chamados assim porque os alemães os denominaram "zigeuner". Segundo estudiosos, essa palavra deriva de outra chamada "athígganos", que no idioma grego bizantino significa intocáveis, que não se misturam.

— Poxa, vô, quando crescer eu quero ser culto, fino e inteligente igual ao senhor e à minha professora, a dona Solange.

Na primeira segunda-feira do mês de dezembro, por volta das 7h40, David foi o primeiro a chegar ao armazém. Juntamente a León, entrou pela porta dos fundos e foi logo varrendo o ambiente. Separando garrafas, percebeu um cheiro estranho e separou algumas batatas inglesas

SAN BARTOLOMEU

que começavam a decompor-se. Depois deu uma sugestão para que os vasilhames retornáveis fossem colocados de boca para baixo para evitar o acúmulo de líquidos e, por consequência, de insetos.

Mais tarde, León comunicou ao patrão que o rapaz saíra-se melhor do que a encomenda. Seu Joshua, por sua vez, orientou o antigo colaborador.

— León, não faça nenhum elogio ao menino. Pelo contrário, aponte coisas pra ele fazer. A perfeição é fruto de trabalho, suor e dedicação.

E, assim, a vida de comerciante do menino foi sendo construída, pedra sobre pedra, alicerçada pela experiência extraordinária do velho. Desde o primeiro dia de trabalho, David era o primeiro a chegar e ia embora com o avô.

León tornou-se admirador do afinco e da seriedade com que o menino se dedicava ao trabalho.

— Julio, o seu moleque tem tudo para suceder o avô e ser um grande comerciante.

— Tomara que você esteja certo, León. A maior preocupação da gente é dar encaminhamento aos filhos.

Com a volta das aulas, David voltaria a estudar pela manhã e labutar até as 19h no armazém. Julio e Anahide tinham pena de ver o cansaço do menino, mas sabiam que quanto mais quente o fogo, mais dura era a forja do aço.

E assim, aos 12 anos David já sabia que o homem tem que estudar, trabalhar, cuidar da saúde e das relações pessoais com carinho e dedicação.

David só não sabia onde estaria a "galeguinha" – Carmencita Cristina Ibañez de Alcazar –, a sua eterna namorada Tina.

Capítulo VI

Luna Llena

E a vida foi passando, às vezes divertida, outras vezes modorrenta e apática, na primeira metade daquela década de tanta história.

No ano de mil novecentos e sessenta e quatro, os acontecimentos destacados no rádio do vô Josué foram, sem dúvida: a "invasão" dos Beatles à América, a condenação do líder sul-africano Nelson Mandela à prisão perpétua e a intervenção militar que, se por um lado abalou a democracia, por outro conseguiu debelar uma loucura chamada comunismo que, segundo vô Joshua, rondava o Brasil, o maior país do hemisfério sul.

Porém, no início do ano seguinte, boas novas vieram para o menino David. Foi na hora do jantar que o garoto ouviu uma notícia que o deixou entusiasmado.

— Anahide, semana que vem teremos visita. Recebi um telegrama do Ramon. Eles estão vindo a Saint Martin para assinar a escritura da casa, que foi vendida para o seu Samuel. Por isso gostaria que você preparasse o quarto de hóspedes.

— Pai, a Tina vem também?

— Quer dizer então que o meu filho não se esqueceu da namoradinha da escola.

— Pai, a Tina nunca saiu da minha cabeça.

— Que bom, filho. Ela é uma menina muito educada, de boa família. Quem sabe um dia a gente faz esse casamento.

A semana passou rápido e na terça-feira seguinte, seu Ramon, a esposa e a "menina-moça" mais linda do mundo chegaram à casa de Julio e Anahide, quase na hora do almoço.

Julio tinha enorme carinho e consideração por aqueles ex-vizinhos de tão boas memórias. Naquele dia, voltou mais cedo da fazenda e ajudou o casal de amigos nas tarefas a que vieram.

Anahide e Fanni encarregaram-se de fazer uma grande recepção ao casal. Seu Joshua marinou um cordeiro em molho verde e David trabalhou pesado no armazém do avô. O corpo estava no armazém e a cabeça no reencontro com Tina.

Após o jantar, David percebeu que o avô, apesar de algumas taças de vinho, estava mais calado do que aquele homem risonho e cheio de histórias que ele conhecia.

— Vô, você está bem? Estou percebendo que o senhor está meio calado. Aconteceu algo?

— Tudo bem, David. Só estou um pouco chateado porque ontem morreu o meu cantor predileto.

No dia anterior, segunda-feira, quinze de fevereiro de mil novecentos e sessenta e cinco, o mundo perdia o talento do cantor Nat King Cole. Ele morreu aos 46 anos, em um hospital de Hollywood, nos EUA, vítima de um câncer de pulmão. Em sua carreira de sucesso cantou durante vinte anos mundo afora, interpretando consagradas canções como "Saint Louis Blues", "Too Young", "Fascination" e "Unforgettable".

Pouco antes de morrer, o cantor não tinha fôlego nem para falar. Mesmo depois da cirurgia, não parou de fumar – cerca de três maços de cigarro por dia. Quando faleceu, Cole era um cantor realizado, com mais de 600 músicas gravadas. Também fez história no cinema com atuações em mais de 20 filmes, sempre como cantor ou pianista. Nascido em Santa Mônica, cidade próxima a Los Angeles, Califórnia, o garoto pobre jamais imaginou que faturaria cerca de quinhentos milhões de dólares por ano.

O velho avô adorava a voz aveludada de Nat King Cole e o seu neto só pensava naquela menina linda que não via há cinco anos.

David queria ficar a sós com Tina e, então, convidou o avô, o amigo Jumbo e, como quem não quer nada, a menina Tina, para ouvirem música na casa do avô.

— Então, vô, que tal a gente ir até a sua casa para ouvir um pouco o seu cantor preferido?

Eles foram até a casa do velho sheik que, vendo aqueles olhinhos fugazes do neto, prestes a completar 14 anos, sorriu para si mesmo.

O Jumbo foi junto e ficaram os quatro na sala, ouvindo um disco do cantor americano falecido no dia anterior. Vô Joshua, com certeza, recordava-se de Giocconda. De repente, a galeguinha levantou-se do sofá e convidou David para sentar-se com ela na varanda e ver a lua cheia, que se iniciara no dia anterior. Jumbo e o velho sheik sorriram um para o outro. Sabiam da importância de deixá-los a sós.

Depois de algum tempo, Tina chegou mais perto de David, apertou sua mão, os corações batiam descompassados. Aquele cabelo liso e cheiroso da menina, aquela mãozinha suada junto à sua, aquela paixão extraordinária, tudo aquilo somado, despertou uma adrenalina maluca naquele menino virgem de 14 anos.

Era chegada a hora de beijá-la. Era agora ou nunca. David precisava vencer a timidez. Lembrou-se do famoso beijo dos atores Humphrey Bogart e Ingrid Bergman. Não havia assistido, mas lera nos jornais do avô a história de grande sucesso do filme "Casablanca".

— David, me beija?

David, timidamente, beijou o rosto da menina.

— Não, David. Me beija de verdade… Na boca.

O rapaz desajeitado abraçou a menina, seus rostos quentes, quase febris, encontraram-se. Os olhos foram fechando e as bocas colaram-se no primeiro e inesquecível beijo.

No alto, a lua cheia; dentro da casa, o aparelho de som do avô de David tocava a música "Unforgettable". Sim, o momento foi "inesquecível", como dizia o nome daquela magnífica canção.

— Tina, obrigado por você existir. Eu te amo!

— Não fala nada, David, Só me abraça.

Capítulo VII

Quinze anos

Como de costume, David "pulou" cedo da cama. Aprendera desde muito novo a jogar a coberta para o lado e espantar a preguiça. Aquela era uma data especial, o rapazote estava completando 15 anos e seu corpo já apresentava sinais de que deixara de ser criança e brevemente seria um homem.

Anahide, sua mãe, como sempre era a primeira a abraçar, beijar e festejar os filhos em seus aniversários. Depois do café da manhã e antes de o filho ir à escola, a mãe entregou-lhe um embrulho contendo um disco de vinil cujo título era *Please Me*. Tratava-se do primeiro álbum gravado em estúdio por uma banda inglesa chamada The Beatles. O trabalho musical lançado no mercado três anos antes, em vinte e dois de março de mil novecentos e sessenta e três, continha 14 canções, sendo 8 delas escritas por dois de seus músicos – John Lennon e Paul McCartney.

David ficou eufórico. Queria que a aula acabasse logo, que o dia acabasse logo. Não via a hora de voltar para casa, ligar seu toca-discos e ouvir a sua banda preferida.

Na hora do jantar, a família reuniu-se. Alguns amigos de David, o Jumbo, vizinhos e o avô Joshua saborearam salgados, refrigerantes e o bolo, caprichosamente confeitado por Fanni, a vizinha querida e melhor amiga da família.

No final da festa, o avô de David chamou o rapaz de lado, abraçou carinhosamente o neto e entregou um envelope em tom ocre devidamente selado.

— David, você está ficando homem. Se depender do seu avô pode ter certeza de que você será um grande ser humano. Eu te amo muito e quero ter orgulho da sua história, mesmo que futuramente eu esteja assistindo à sua jornada em outro plano. Meus parabéns e toda a felicidade do mundo para você, meu moleque. Saiba que você é o meu melhor amigo e quero vê-lo sempre feliz.

David abraçou o avô com força.

— Obrigado, vô. O senhor sabe que eu jamais vou decepcioná-lo. Tenha certeza disso.

Dentro do envelope havia um documento atestando a abertura de uma caderneta de poupança em nome do rapaz no valor equivalente a 10 mil dólares americanos e uma carta com a seguinte transcrição:

Saint Martin, 19 de maio de 1966.

Querido David, inicialmente, meus parabéns pelo seu aniversário de 15 anos.

Com relação à caderneta de poupança que fiz para você, quero dizer que pretendo ajudá-lo financeiramente para que não sofra os percalços que enfrentei na minha juventude.

Porém o que mais importa para mim neste momento é repassar a você, que tanto amo, alguns conceitos que fui amadurecendo durante a vida. Para tanto, gostaria que você lesse com muito carinho e utilizasse as minhas experiências como uma lanterna para clarear o seu árduo caminho durante a vida. Em tempo, ficaria muito feliz se você guardasse esta e outras cartas que ainda pretendo escrever.

Hoje vou relatar a você a minha opinião sobre comércio, dinheiro, poder e vaidade.

Desde os primórdios da raça humana acontecem os negócios, inicialmente por meio do escambo e, depois, com a invenção do dinheiro, com a compra e venda. O comércio é uma atividade sagrada e que garante a evolução e o conforto da humanidade. Como percebo em você um grande tino comercial, eis algumas máximas que ouvi durante a minha existência e que, imagino, poderão lhe ser úteis:

O homem que sabe vender nunca passará fome; o cliente sempre tem razão; nunca trate as pessoas pelas vestes; um sorriso sempre abre portas; nunca negue uma bala a uma criança. Procure sempre comprar à vista e nunca se mostre interessado demais em determinado negócio. Na época em que todo mundo estiver vendendo, procure comprar e vice-versa.

O dinheiro invariavelmente provém dos negócios e deve estar sempre a serviço do homem, jamais o contrário.

Ter dinheiro não é pecado, meu querido neto!

Lázaro, o irmão ressuscitado de Marta e Maria, pertencia a uma família de boa situação financeira. Em função disso, ele teve o prazer de hospedar o Mestre em sua casa nos dias que precederam sua crucificação. Sem recursos, provavelmente Lázaro não teria tido esse privilégio.

O dinheiro tem um papel extraordinário para a humanidade. Diariamente, bilhões de pessoas no planeta precisam alimentar-se, vestir-se, construir e reformar, e estão sempre buscando conforto. Ignorar isso é negar a evolução humana e todo o aprendizado que ela contém. Não à toa, a economia ocupa as manchetes dos jornais por afetar a sobrevivência de cada um de nós.

Os recursos financeiros, quando destinados à criação de negócios e oportunidades, à geração de empregos e melhoria das condições de vida dos mais pobres, levam sempre o seu dono à prosperidade.

Por outro lado, ter posses pode ser um grande problema, porque o dinheiro ainda é usado como medida do sucesso pessoal pela maioria das pessoas, motivo de reverência e aplausos, como se pudesse comprar uma vida repleta de luz, de felicidade e de paz. E nesse sentido, o maior inconveniente é que o dinheiro traz o poder e o poder leva à vaidade.

Aí o homem se perde!

David, meu querido neto, fuja da vaidade. Prefira sempre as crianças, as empregadas domésticas, o caseiro da fazenda. Dê atenção às pessoas simples ao invés de bajular os poderosos. Tenha certeza de que a mulher do cafezinho vive mais feliz do que o primeiro-ministro; ou seja, as pessoas simples estão mais perto de Deus do que aqueles inebriados pela vaidade.

Meu menino de ouro, o dinheiro pode levá-lo à prosperidade ou à vaidade. Isso é você quem vai decidir. Eu optei pela prosperidade e confesso que não me arrependi.

Amo você!

Vô Joshua.

E, assim, a vida foi seguindo para o menino. Estudando e trabalhando com o avô no armazém, uma ou outra namoradinha, mas nada sério. Seu coração era de Tina.

Nas datas de aniversário que se passaram entre os 15 e os 18 anos, ele sempre receberia do avô um envelope lacrado.

Dentro de cada envelope havia sempre um recibo de depósito com grande soma em sua caderneta de poupança, além de uma carta contendo considerações sobre as experiências de vida do velho.

A intenção do avô era que essas cartas, guardadas a sete chaves pelo neto, tornassem-se uma referência, um guia para o menino em suas decisões futuras. No entanto, para infortúnio do rapaz, nem todas as experiências do avô foram levadas a sério para servirem de luz em seu caminho.

Capítulo VIII

Armstrong e Pelé

Desde o nascimento do primeiro neto, no início da década de 50, o velho sheik resolveu que anualmente faria uma festa para seus clientes, ou seja, para toda a comunidade de Saint Martin.

As festas começaram pequenas e com o passar dos anos tornaram-se o grande evento de lazer do povoado. Geralmente realizadas num domingo ou feriado e sempre com a data definida de surpresa por Joshua, os eventos tinham ampla participação de voluntários na organização e na preparação de alimentos, e basicamente tinham sempre a mesma programação: começavam pela manhã, com a missa na paróquia; depois acontecia uma gincana cultural e recreativa, muita música, bingos e leilões de prendas e assados doados pela comunidade. As rendas obtidas com o evento eram revertidas a uma instituição local: igreja, lar de idosos ou hospital.

Depois, um almoço era servido a todos na praça da igreja matriz. As pessoas levavam pratos e talheres de casa – naquela época ainda não se viam produtos descartáveis. Após o almoço, as pessoas paravam para um descanso e depois retornavam à praça para o término das competições.

O avô de David sempre patrocinava alimentos, lanches, sucos, balas e pipocas para todos, porém nunca oferecia bebidas alcoólicas, como forma de melhorar o relacionamento e evitar qualquer transtorno causado pelos "mais corajosos".

No final do dia eram distribuídos pão com carne moída e suco para todos. O encerramento contava sempre com um evento musical promovido pela Prefeitura local, com premiação aos melhores cantores.

Na segunda-feira, a população martinense acordava em frangalhos, mas todo mundo feliz pela festa.

No final daquela década, o mundo vivia uma instabilidade sociopolítica sem precedentes.

Na quinta-feira, quatro de abril de mil novecentos e sessenta e oito, por volta das 6h de uma manhã de primavera, o reverendo Martin

Luther King, que já havia escapado por pouco da morte em dois atentados anteriores, tombou.

O homem bonachão de fala calma, que fez história engajado na luta pela igualdade de direitos nos Estados Unidos da América nas décadas de 50 e 60, embora dissesse para uma multidão na noite anterior que "havia chegado ao topo da montanha", infelizmente não completaria 40 anos. Seus ideais sucumbiram quando um projétil, disparado pelo poderoso rifle Remington-Peters, atingiu em cheio o seu pescoço.

Os últimos suspiros do líder tiveram como palco a sacada do Motel Lorraine, a poucos metros do Rio Mississippi, na cidade de Memphis, estado americano do Tennessee, há menos de dez milhas de Graceland, a imensa mansão do imortal Elvis Presley.

O autor do disparo teria motivos supostamente racistas. Trinta anos mais tarde, no entanto, um processo civil no estado do Tennessee concluiu que sua morte foi planejada por membros da máfia e do governo norte-americano.

No mês seguinte, a França foi sacudida por um movimento de protestos sociais, culturais e político de proporções gigantescas, que mais tarde derrubaria o todo poderoso general e presidente Charles André Joseph Marie de Gaulle, um homenzarrão de 1,96 cm, que mandava naquele país desde o fim da Segunda Guerra Mundial.

Praticamente dois meses depois da morte do líder negro, em seis de junho, o senador Robert Francis Kennedy, conhecido como Bobby, irmão mais novo de John e candidato à Casa Branca, tal qual o irmão, também seria assassinado. O Hotel Ambassador, em Los Angeles, foi o palco de vários disparos efetuados pelo jovem palestino Sirhan Bishara Sirhan, de 22 anos. O velório realizado na Catedral de São Patrício, em Nova Iorque, e o enterro no mesmo túmulo de John-John, no Cemitério de Arlington, em Washington, contaria com milhares de americanos traumatizados pela perda de mais um grande líder.

Em agosto do mesmo ano, a Tchecoslováquia era invadida por Tropas do Pacto de Varsóvia, em represália à "Primavera de Praga". Três dias depois, a França explodiu, no Oceano Pacífico, a sua primeira bomba de hidrogênio. Tudo isso sem contar a terrível Guerra do Vietnã.

O avô de David, traumatizado pelas guerras que vivenciara e assustadíssimo pela Guerra Fria, acompanhava por rádio, jornais e revistas a corrida ao espaço entre EUA e União Soviética. Em 1961, a potência comunista pôs no espaço o astronauta Yuri Gagarin, a bordo da Nave Vostok. Com o sucesso dos programas aeroespaciais soviéticos, restava aos americanos responderem à altura do feito comunista.

Desde então, a Nasa iniciou um gigantesco projeto para chegar à Lua. Com uma despesa em torno de 136 bilhões de dólares e quase 400 mil pessoas envolvidas, em dezesseis de julho de mil novecentos e sessenta e nove, às 9h32, a nave Apollo XI, carregando o módulo lunar Águia, foi lançada do Complexo Trinta e Nove, no Cabo Kennedy, no estado da Flórida.

Naquele final de semana, seu Joshua resolveu fazer uma surpresa para a população. E foi justamente na tarde de domingo, vinte de julho de mil novecentos e sessenta e nove, às 17h17, que a população de Saint Martin teve seu primeiro contato com uma aparelho de TV. O evento foi grandioso. De olhos pregados no televisor, colocado na calçada do armazém, as pessoas, atônitas, testemunharam ao vivo os astronautas americanos Neil Armstrong e Edwin Aldrin caminharem na Lua. Aquela mesma Lua que, anos antes, toda cheia, assistira ao primeiro beijo entre David e Tina.

O velho sheik, que tinha aversão ao comunismo soviético, dormiu feliz com o sucesso da empreitada norte-americana.

E foi nesse contexto de Guerra Fria que também em mil novecentos e sessenta e nove, a grande potência americana criou uma ferramenta que mais tarde faria a maior revolução da humanidade. Inicialmente conhecida por Arpanet, a rede de computadores tinha como função interligar laboratórios de pesquisa. Nesse mesmo ano, em vinte e seis de outubro, um professor da Universidade da Califórnia passou para um amigo em Stanford o primeiro e-mail da história.

Essa rede pertencia ao Departamento de Defesa norte-americano. O mundo vivia o auge da espionagem. Assim, a Arpanet era uma garantia de que a comunicação entre militares e cientistas persistiria, mesmo em caso de bombardeio. Ou seja, como tantos outros inventos, até a internet nasceu por causa da guerra.

Quase um ano após a chegada do homem à Lua, o aparelho de TV de Joshua seria novamente disponibilizado ao público, que assistiu boquiaberto à final da Copa do Mundo ocorrida no México. Nessa, que seria a última festa patrocinada por Joshua Kissajikian ao povo de Saint Martin, também num domingo, vinte e um de junho de mil novecentos e setenta, na cidade do México, a seleção brasileira de futebol, numa partida memorável contra a Itália, conhecida como "Squadra Azzurra", venceria o jogo pelo placar de quatro gols a um e seria o primeiro país a conquistar o tricampeonato de futebol, ficando definitivamente com a Taça Jules Rimet, homenagem ao terceiro Presidente da Fifa.

David sabia que por causa da vó Giocconda, o velho Josué torceria para a Itália. Já os rapazes David, Gabriel, Julio Cesar e Jumbo torceram pela seleção de Pelé.

David identificou-se tanto com o futebol brasileiro que mesmo a muitas águas de distância e ao contrário da maioria dos caballeros, que gostavam de times espanhóis, tornou-se torcedor de uma equipe brasileira, o Sport Club Corinthians Paulista.

Capítulo IX

A última ceia

Além do evento anual, de cunho social, também virou quase tradição, em todas as sextas-feiras, o velho sheik organizar um jantar em sua casa para os amigos mais íntimos. O seu prato preferido era carré de carneiro, arroz branco e vinho tinto, nunca mais seco do que o brut e nunca mais doce que o demi sec.

Naquela noite de brisa fria, embora fosse verão no hemisfério norte, na penúltima sexta-feira do mês de julho de mil novecentos e setenta, que marcaria o último jantar organizado pelo avô de David, os convidados eram quatro pessoas que o velho amava de paixão: David, o neto preferido; o menino Jumbo; o amigo, vizinho e funcionário León; e o Jeremias Cigano, gerente da Fazenda do seu genro Julio, pai de David. Também estavam presentes Cinara e o marido.

Cinara era a mulher que cuidava da casa e de Joshua. Lavava, passava e cozinhava, além de sempre lembrá-lo dos remédios na hora certa. Era quase uma filha para ele. Muito bem remunerada, ela cuidava do velho com profissionalismo, respeito e afeto dignos de nota.

Nos últimos tempos, com a saúde precária de Joshua, o jovem casal praticamente morava num dos quartos da grande casa, visto que pernoitavam e passavam os finais de semana na companhia do velho.

Depois da ceia, já perto das 21h, David, que embora homem formado seria sempre uma criança para o avô, sem saber que essa seria a última prosa que teria com seu mestre, recordou:

— Vô, você ficou de nos contar as diferenças entre a Igreja Católica Romana e a Igreja Católica Ortodoxa. Você está nos devendo isso.

— É verdade, David. Como não gosto de ficar devendo, vou explicar agora algumas diferenças que fui aprendendo com o passar do tempo. Como gosta de conhecimentos inúteis, esse menino – falou em voz alta o velho para os demais convidados que, pelos olhares, também estava curiosos.

E, assim, o velho Joshua, indiferente às preocupações de Cinara, encheu novamente a taça com a bebida dos deuses. Sorveu um gole demorado, deu um sorriso de satisfação e começou.

— Antes de qualquer coisa é importante frisar os pontos de convergência entre as duas, já que ambas eram uma só Igreja, que se repartiu devido às divergências políticas e culturais – começou a falar o velho autodidata.

Então o avô de David foi explicando calma e pausadamente que as duas Igrejas são voltadas para a fé em Jesus Cristo e ambas aceitam as escrituras e a tradição como fontes de revelação cristã. As duas consideram Maria como a mãe de Jesus e atribuem à Virgem uma veneração especial. Elas também aceitam o juízo final como regra de fé e canonizam santos acreditando que eles podem interceder por nós junto ao Pai Celestial.

No matrimônio exige-se o "sim" dos noivos para a validade do sacramento, sempre diante de um celebrante. Numa Igreja, ele é chamado de oficiante; noutra, de testemunha. Sendo, contudo, indispensável sua participação em ambas.

Por fim, resumiu que tanto a igreja romana como a ortodoxa impõem o celibato ao seu clero e praticam o batismo por imersão. O pão de trigo é usado, invariavelmente, nas duas Igrejas para a celebração da Eucaristia.

Com relação às diferenças, Joshua também pontuou de forma clara e com grande poder de síntese: a Igreja Ortodoxa é um pouco mais rígida em alguns temas. O divórcio, por exemplo, só é admitido em casos excepcionais e por graves razões. Na Igreja latina pode-se declarar a nulidade do matrimônio, variando apenas a burocracia dos processos. Com relação ao celibato é o contrário. Na Igreja Ortodoxa, essa exigência é reservada apenas aos bispos, escolhidos entre os monges, sempre solteiros. Na Igreja Latina atinge também os padres.

Enquanto os católicos seguem fielmente e reconhecem a autoridade do papa, os ortodoxos têm mais independência. A única função do patriarca ortodoxo – o cargo mais alto em sua hierarquia – é manter a unidade da Igreja.

As cruzes também não são iguais: a dos ortodoxos tem três barras – a de cima foi acrescentada por acreditarem que teria servido para a famosa inscrição INRI, a abreviação de Jesus de Nazaré, rei dos judeus. A de baixo teria recebido os pés de Cristo, pregados separadamente e não juntos como creem os católicos.

Existem, ainda, outras diferenças ritualísticas. A quaresma dos ortodoxos dura quarenta e sete dias, e a dos católicos, quarenta. A Igreja de Roma utiliza o calendário gregoriano, com trezentos e sessenta e cinco dias, a Oriental usa o calendário Juliano, com treze dias a mais no ano, e por causa disso os cristãos ortodoxos comemoram o Natal no dia sete de janeiro. Com relação às imagens, os ortodoxos aceitam apenas pinturas, enquanto os católicos não fazem nenhuma objeção às estátuas.

Finalmente, o velho explicou que até o final do século X, as duas igrejas eram uma só, com os católicos de hoje radicados na Europa Ocidental e os ortodoxos ao leste, na Grécia e na Turquia.

A Igreja Ortodoxa surgiu com o objetivo de espalhar o Cristianismo pelo Oriente, e com o passar do tempo as diferenças culturais criaram várias rusgas entre elas, como a que diz respeito à língua oficial dos cultos. Os cristãos do Ocidente queriam o latim, enquanto os do Oriente não abriam mão do grego e do hebraico. A separação veio no século XI. Os ortodoxos questionavam a autoridade papal e não aceitaram a interferência de um cardeal enviado pelo papa Leão IX a Constantinopla, na Turquia. Assim o patriarca ortodoxo Miguel Cerulário foi excomungado pelo Vaticano. Imediatamente, Cerulário rompeu com Leão IX.

— Vô, qual das duas você acha melhor?

— David, existe uma frase muito antiga que diz: "Estando em Roma, faça como os romanos", ou seja, não vale a pena brigar por política nem religião. O meu Deus é o mesmo desde que nasci. Nasci católico ortodoxo na Armênia. Depois, durante o tempo em que morei na Pérsia, sempre demonstrei respeito pelo Corão. Finalmente, quando mudei para o Ocidente, acabei me tornando um católico apostólico romano, embora não muito praticante.

Nesse momento, enquanto concluía seu raciocínio, o velho bebia com prazer, sem saber que aquela taça seria a derradeira

— Na verdade, toda religião é boa e ruim ao mesmo tempo. É boa porque sempre prega dogmas e exemplos divinos. É ruim porque, exercida pelo homem, traz consigo os defeitos dele, como a influência política e os interesses pessoais, por exemplo.

O jantar chegara ao final. Jeremias ainda iria para a fazenda, León estava bastante alegre pelo vinho. David e Jumbo sairiam para dar uma volta na praça.

— Boa noite, vô. Até amanhã!

Na madrugada fria de sábado, por volta de 4h, Cinara, desesperada, bateu na porta da casa de Julio. Vô Joshua não estava bem.

Capítulo X

A morte

Primeiro dia do mês de agosto do ano de mil novecentos e setenta. O olhar vago e distante de David escondia pensamentos e reflexões. Foi sentado à sombra do grande carvalho em frente ao pequeno hospital que, tal qual um soco na boca do estômago, ele recebeu a notícia por intermédio de seu irmão Gabriel.

Aquele sábado de ventania com certeza era o dia mais triste de sua vida. Apesar de todos os esforços médicos, remédios e orações, o velho Joshua, seu avô materno, jazia num ataúde escuro de quase ébano que seria a derradeira morada do velho mercador.

De repente, como se fosse um filme, as velhas histórias do avô vinham-lhe à mente: a infância pobre em Yerevan, capital da Armênia, onde sua família fora praticamente dizimada pelo genocídio provocado pelos otomanos ao povo armênio. Depois veio a fuga, a adolescência precoce, as lutas, as vitórias e a boa vida de mercador. As viagens ao velho Oriente, onde conhecera a Índia, visitara as muralhas da China e tivera "mil namoradas".

Ainda, os grandes negócios e a rápida fortuna construída em Zahedan, encravada no sudeste iraniano, próxima às montanhas afegãs. A vida de paixões e aventuras no Cairo, onde seu olhar conheceu a doce Giocconda, a menina morena de sobrancelhas grossas e olhos claros, filha de um soldado italiano e mãe camponesa egípcia. Para ele, Giocconda era a mulher mais bela do mundo e conquistou o coração de Joshua, e seria dali em diante a mulher de sua vida. A lua de mel foi na velha Roma.

Mais tarde, a partida ao Ocidente. O último olhar ao pôr do sol no Porto de Alexandria, a conquista de um novo mundo, novos hábitos, nova língua. Toda essa fantástica aventura encerrada e enclausurada num caixão escuro.

Maldita morte!

Na manhã seguinte, o cortejo seguiria para o cemitério da pequena cidade de Saint Martin. Orações, alguns fragmentos de discursos emocionados, os tijolos assentados pelas mãos rudes do coveiro, uma salva de palmas e, dentro em pouco, o mundo, ainda que empobrecido com o final de tantas epopeias, seguiria seu rumo.

Para o mundo nada mudaria, segunda-feira a vida continuaria ao seu curso. Nas milhares de aldeias espalhadas pelo planeta, a rotina seria a mesma, com ou sem o seu avô.

SAN BARTOLOMEU

Apesar do verão no hemisfério norte, aquela noite de velório precipitou um friozinho doído e uma fina garoa que lacrimejou madrugada afora. Mesmo assim, o velório do "vô Josué" foi honrado com muitas visitas: comerciantes, camponeses, prefeito, todos os representantes do conselho legislativo e até o padre prestaram homenagens ao velho do Oriente.

Por volta das 2h, adentrou ao local um homem de aproximadamente 40 anos. Estava totalmente embriagado, molhado e apresentando um leve quadro de hipotermia. Gabriel socorreu-o, tirou o seu próprio casaco e o vestiu no homem. Depois, levou-o a um quartinho nos fundos e colocou-o para dormir. A cena insólita mais tarde renderia a Gabriel uma blusa nova, presente da mãe, que ficara tocada com o belo gesto de desprendimento e doação do filho.

Julio, o pai, sempre solícito, com olhos cansados de quem já havia dormido mal na última semana em que acompanhara o sogro no hospital, recebeu os cumprimentos em nome da família.

A mãe de David, preocupada com os dois filhos mais novos, não se despediu do corpo – não gostava desse assunto, a morte causava-lhe calafrios; e provavelmente não iria ao sepultamento. Preferia ter a imagem do pai vivo, aquele que sempre lhe chamava de pequena e que tantas guloseimas lhe comprara.

O passado insistia-lhe. Realmente, embora David nunca tivesse passado por privações ou dificuldades, as boas comidas, as guloseimas, as balas, os bolos, os doces e os biscoitos eram especialidades do vô para agradar a todos. "Que falta você já está fazendo, vô!".

Como podia um homem com tantos dons desaparecer assim, de uma hora para a outra? Comerciante, marceneiro, carpinteiro, pedreiro, grande cozinheiro. Ele era capaz de sozinho construir uma casa, sacrificar o carneiro, amolar o machado, cortar a lenha e preparar a ceia da inauguração.

Como era prático, como era objetivo o velho sheik.

De repente, pouco antes do enterro, David recordou-se de histórias contadas pelo avô.

— David, grandes problemas, muitas vezes, têm soluções simples. Diz a lenda que uma rica senhora vivia a maldição de acordar todas as noites em pânico, imaginando que havia um estranho embaixo de sua cama. Ela consultou psicólogos, filósofos e curandeiros, gastou muito

53

dinheiro, mas ninguém solucionava o seu transtorno mental. Você sabe qual foi a solução?

— Nem imagino, vô.

— Um cocheiro da fazenda sugeriu que serrassem os pés da cama. A velha nunca mais perdeu uma noite de sono.

— Gostei da história... Vô, é verdade que o senhor fala vários idiomas?

— Então David, eu nasci falando armênio, que é o meu idioma pátrio. Depois precisei aprender inglês e árabe para não passar fome. Italiano eu aprendi com a sua avó – "Dio, como te amo!". Francês e alemão foram um luxo que me custaram muitas horas de estudo e leitura. E também tem o nosso idioma, aqui da ilha. Esse eu aprendi ouvindo mais do que falando.

— David, você sabe por que os dois "tracinhos" formam o sinal de igual?

— Não sei dizer, vô.

— É que no século XVI, o matemático inglês Robert Recorde chegou à conclusão de que nada seria tão semelhante como duas retas paralelas. Assim, ele cortou um pedacinho de cada uma delas e transformou no sinal de igualdade, que foi rapidamente aceito mundo afora.

Meu Deus! Agora aquela enciclopédia, aquele ser de conversa tão fácil, tão inteligente, estava ali, impassível, pronto para ter o corpo devorado por bactérias. Maldita morte! A esperança cristã da ressurreição atenuava um pouco o sofrimento de David. Com certeza, já passadas vinte horas de sua morte, o espírito do seu avô católico ortodoxo e depois apostólico romano estaria confabulando com seu inseparável "amigo" Santo Expedito.

Pontualmente às 10h de um domingo para ser esquecido, chegou o padre, atencioso, sereno. Nessas horas de dor, a presença de um líder espiritual com certeza nos conforta. Após as orações de sempre, como de costume, o vigário citou Gênesis 3.19:

— Do pó viemos e ao pó voltaremos.

E depois, também como de costume, ao mesmo tempo em que fazia o sinal da cruz, ordenou em sonoro latim:

— Revertere ad locum tuum – que na tradução literal significa "volte para seu lugar".

Toda a história, toda a obra, todas as paixões de Joshua, encerradas assim, de forma lacônica. Como poderia o religioso com aquela profecia de quase ordem, prender seu avô definitivamente, sufocando-o "ad eternum" com aquele cheiro lúgubre de crisântemos? Maldito padre. Por que não pedira para Deus ressuscitar o velho sheik?

Gabriel, como sempre, não saía de perto do irmão. Era um pouco mais novo do que David, e era também muito mais bonito e mais charmoso do que o irmão. A relação entre eles era tão forte, tão amorosa, que pouquíssimas vezes brigavam. Gabriel era o anjo protetor de David.

Agarraram firme na alça do caixão David, Gabriel, o pai e León, o grande amigo do avô. Também o prefeito da pequena cidade e um representante do Poder Legislativo que sempre pedia conselhos e dinheiro para Joshua. O vereador, sempre bem votado, dizia que o mercador era seu padrinho e mentor político, o que deixava o velho sempre sorridente, apesar de ele saber que o grande interesse do político, de fato, eram os recursos destinados ao custeio do pão e circo, costumeiro nas campanhas eleitorais.

Lorenzo, embora amigo de longa data e muito querido pelo velho, absteve-se de carregar o caixão. Com tanta gente importante, talvez um moreno ali, junto às autoridades, não caísse bem, mesmo sabendo que para família do falecido sua etnia nada significava. O rapaz de pele escura, gordo e pobre tinha noção do preconceito daquela comunidade, europeia em sua maioria.

Como imaginado, rapidamente as mãos hábeis do coveiro assentaram os tijolos.

Pela primeira vez na vida, David viu lágrimas nos olhos de seu pai. Aliás, parecia que o pai sentia mais a morte do sogro do que a mãe, que era filha do falecido. Coisas da vida. Aquela cena fez despertar no rapaz um choro sentido, de vários minutos, que dava pena de ver.

De repente, David foi se acalmando. Respirou fundo, tirou um lenço do bolso, secou as lágrimas e foi-se retirando lentamente do cemitério.

Domingo, hora do almoço, após uma noite acordado, o estômago do jovem David lhe trouxe boas lembranças. Com certeza, sua mãe e Fanni, esposa de León, tinham preparado macarrão e frango com polenta. Domingo era domingo.

"Tchau, vô. Seguirei sempre seus conselhos. Um dia brindaremos juntos em outro plano", pensou David.

— Vamos, Gabriel. Não pise em cima dos túmulos. É falta de respeito.

O irmão veio assoviando displicente. Passando em frente à casa da menina Marcela, a mais bela do povoado e talvez do mundo, David percebeu nela um olhar discreto, porém apaixonado, que apontava para dentro do coração de Gabriel.

Imediatamente, notou no semblante do irmão aquele sorriso matreiro e mudo de *Monalisa*. Gabriel sabia sorrir apenas com os olhos e uma covinha realçada no lado esquerdo do rosto, algo que encantava as meninas da escola.

— Então David, se acaso você desejar, eu a convenço a namorá-lo. Essa garota faria qualquer coisa para ficar de bem comigo.

Gabriel era esnobe. David daria a sua parte da enorme herança do avô para ser bonito e vistoso como seu irmão.

— Mãe, me dá um abraço! Não chore. A vida é assim mesmo, tem começo, meio e fim. Tenho certeza de que o vô está melhor do que a gente – disse Gabriel, plagiando os típicos comentários que ouvira de pessoas mais idosas durante o velório do avô.

A mãe, ainda bela, apesar dos quatro filhos e da rotina de trabalho, enxugou as lágrimas, abraçou fortemente a criançada, deu um beijo no rosto cansado do marido e chamou todos à mesa.

Vinho, macarrão e polenta com frango.

— Venha, Lorenzo. Venha, León. Sentem-se conosco. Fanni fez a sua salada preferida.

Jumbo estava faminto.

Domingo era domingo, embora fosse o primeiro domingo cinza da vida de David Kissajikian Larrosa.

— Minha querida família e amigos, sejamos gratos a Deus por esta refeição. O vô foi embora, mas, com certeza, não gostaria de nos ver tristes. Um brinde ao meu segundo pai.

Apesar do esforço de seu pai Julio e de Gabriel em minimizar a perda, David sentiu a dor mais do que todos. O único sepultamento que a família de David havia presenciado até então fora do vira-lata Sultão. A vó Giocconda e os avós paternos ele não conhecera. Então o que os olhos não veem o coração não sente. Mas o velho sheik deixá-los assim, de surpresa, era tristeza demais.

SAN BARTOLOMEU

Em dez dias, desde que o avô adoecera, David deixara de ser um rapazote e após transportar aquele caixão tinha certeza, transformara-se num homem.

A morte de Joshua despertou no coração do rapaz uma aversão sem precedentes àquele povoado parado no tempo, àquelas montanhas onde as novidades eram apenas a chuva ou a neve.

Para o mundo nada mudaria, mas o estrago que essa morte fez no jovem coração de David mudaria sua vida para sempre. O rapaz precisava de novos ares.

CAPÍTULO XI

A carta póstuma

No dia seguinte, por volta das 19h, quando Júlio e Gabriel voltavam da lida na fazenda e David chegava cansado do armazém, a mãe de David, com olhos vermelhos de quem ainda chorava uma perda sentida, chamou-o de lado.

— Filho, há alguns meses o seu avô me pediu para guardar a "sete chaves" este pequeno baú. Ele me disse para entregá-lo somente quando ele falecesse. Brinquei com ele e disse-lhe que isso ia demorar, mas, infelizmente, eu estava errada. Aqui está.

David, curioso com a novidade, agradeceu à mãe, agarrou o relicário e saiu rápido para tomar banho e depois abrir a caixa do velho sheik.

Dentro da caixa de madeira entalhada e muito bem fechada, o rapaz encontrou duas pequenas pedras de mármore e um envelope, em cuja face frontal estava escrito: "Meu pequeno testamento". Dentro da caixa havia também um lindo revólver inglês com cabo de madrepérola e outro envelope, direcionado a *"Meu querido neto: David"*.

David guardou o baú com a carta, o revólver e as pedras, e levou aquilo que seria o testamento para que, após o jantar, os pais pudessem abrir e ler o conteúdo:

Minha adorada família.

Neste momento, podem ter certeza de que estou com vocês em pensamento.

Anahide, minha filha! Com a morte de sua mãe, você transformou-se na minha causa, no meu motivo de viver. E eu fui muito, muitíssimo feliz nessa empreitada.

O meu testamento é muito simples: Todos os meus bens, as minhas terras, os meus bois e cordeiros, as minhas economias depositadas e os meus imóveis agora são seus. Tenho certeza de que fará bom uso, proveito e terá prosperidade com tudo.

O único pedido especial que tenho para fazer é que o armazém e o prédio fiquem para o David, com a condição de que ele não abandone os meus funcionários e, para o resto da vida, não deixe desamparados seus irmãos, o Jumbo e o León com a Fanni.

E vocês, minha filha e meu genro, façam o possível e o impossível para educar e dar amor aos filhos. O Dito precisa muito de vocês.

Resolvi reconhecer a minha assinatura em cartório para que ninguém jamais desconfie das ações da minha querida família

Espero agora estar passeando de mãos dadas com Giocconda.

Joshua Kissajikian.

Anahide abraçou o marido e chorou novamente, como se estivesse tomando noção da perda um pouco mais tarde.

Julio, como sempre muito prático, olhou com olhar vago para aquela folha de papel cuja mensagem, embora o cunho formal, ainda esbanjava carinho.

— Seus desejos são uma ordem, velho sheik. David, leia com atenção novamente e veja se está de acordo.

O rapaz leu, releu, analisou, refletiu. Percebeu o tamanho da confiança e, ao mesmo tempo, da responsabilidade que o avô havia lhe transferido. David, ainda visivelmente comovido, abraçou o pai, depois a mãe, e afirmou categoricamente:

— O vô jamais terá vergonha ou se decepcionará comigo. Podem ter certeza de que enquanto eu for vivo zelarei pela nossa família.

Depois saiu e foi para o seu quarto, curioso para ler sua carta e ver o que significavam aquelas pedras e aquele revólver.

Meu querido David.

Quando você abrir esta carta, com certeza não estarei mais neste plano terrestre.

Há pouco tempo, na época do seu último aniversário, você deve recordar que eu fiz uma consulta com o melhor médico de Musgravite e ele me contou a dura notícia de que a minha expectativa de vida era bastante reduzida. Assim, resolvi deixar esta que, certamente, é a última, visto que póstuma, manifestação para você.

SAN BARTOLOMEU

Meu moleque, não tenha nenhuma ilusão. A vida aqui neste plano não é fácil. Não estamos aqui para desfrutar das delícias da Terra. Viemos aqui para evoluir. E você tenha certeza de que o ser humano "forja-se" nas dificuldades, nos erros, na dor. As pessoas que realmente gostam da gente aparecem nas horas de angústia. Amigos de festas são fúteis e passageiros, tal como esses eventos.

Evite errar, mas quando isso acontecer, use e abuse dos erros. Tomei a liberdade de transcrever para você um pequeno trecho de uma carta enviada pelo empresário Andrew Carnegie ao escritor Napoleon Hill:

"Dois importantes fatos, nesta vida, saltam aos olhos. Primeiro, que cada um de nós sofre inevitavelmente derrotas temporárias, de formas diferentes, nas ocasiões mais diversas. Segundo, que cada adversidade traz consigo a semente de um benefício equivalente. Ainda não encontrei homem algum bem-sucedido na vida que não houvesse antes sofrido derrotas temporárias. Toda vez que um homem supera os reveses, torna-se mental e espiritualmente mais forte. É assim que aprendemos o que devemos à grande lição da adversidade".

David, a morte é um momento de adversidade. Porém, ao contrário do que muitos pensam, as adversidades são nossas maiores amigas e fontes de crescimento.

Finalmente, queria te pedir dois favores!

Dentro do baú há duas pequenas pedras de mármore. Quando eu e sua avó Giocconda nos casamos, nós fizemos um passeio de lua de mel na Itália, terra do meu sogro e seu bisavô. Obviamente, ficamos alguns dias em Roma e conhecemos vários locais de beleza e riqueza cultural inimagináveis.

Num desses passeios, visitamos uma ilha, conhecida como Ilha Tiberina, cuja denominação, suponho eu, tenha sido em homenagem ou relação ao grande imperador Tibério. A ilha Tiberina, no Rio Tibre, é a única ilha fluvial na cidade de Roma.

O acesso a essa ilha ocorre por meio de duas pontes, a Ponte Fabrício, do lado leste, e a Ponte Cestio, do lado oeste.

Pois bem, quando visitamos esse local, eu "roubei" essas duas pequenas pedras para que fossem assentadas no alicerce da casa que pretendíamos construir. Uma pedra seria o Joshua, a outra pedra seria a Giocconda.

Ocorre que antes de iniciarmos a construção da tão sonhada casa, sua vó, minha amada esposa faleceu no parto de sua mãe. Eu fiquei sozinho e acabei perdendo essa ilusão.

Gostaria que um dia você fosse até a Ilha Tiberina, em Roma, e na Ponte Fabricio devolvesse as duas pedras simultaneamente no leito do Rio Tibre, como símbolo da minha união eterna com sua avó.

O segundo pedido é mais simples: quero que você entregue o revólver de presente para o Biel e diga a ele o seguinte: "Tente, de todas as formas, nunca apontar esse revólver para ninguém, mas se um dia precisar...".

David, você é o mais velho e deve ser o exemplo para seus irmãos. Cuide bem do Dito, ele precisa muito de você.

Confio em você. Amarei vocês para sempre.

Vô.

Capítulo XII

Família

O nome completo do pai de David era Julio Alphonso Füentes Larrosa. Nestor, o falecido pai de Julio e avô de David, espanhol da cidade de Ourense, na Galícia, noroeste da Espanha, era primo em segundo grau e conterrâneo do médico Julio Iglesias Puga, pai daquele outro Julio Iglesias, goleiro do Real Madrid FC, time do coração de Lorenzo. Esse atleta bem que poderia ter construído fama como esportista, mas o destino não quis.

Na noite de vinte e dois de setembro de mil novecentos e sessenta e três, um dia antes de completar 20 anos, quando dirigia entre as cidades de Majadahonda e Madrid, Iglesias sofreu um trágico acidente que o deixou semiparalisado durante um ano e meio.

Com o fim precoce da carreira de jogador de futebol, os anjos lembraram a Deus que o rapaz tinha uma voz linda e melodiosa. Então o Universo pediu a uma das enfermeiras que arrumasse um violão para Julio Iglesias, que transformou seus poemas em músicas. Músicas que venderam mais de 120 milhões de cópias.

Gabriel era o segundo de quatro irmãos – três meninos e a princesinha da família. Era exatamente onze meses mais novo que David. O primogênito veio ao mundo numa madrugada de dezenove de maio. Em dezenove de abril do ano seguinte, justamente no dia de Santo Expedito, para deleite do avô Joshua, o segundo moleque já estava chorando e mamando, saudável, cabeludo, de uma beleza que saltava aos olhos.

A proximidade com que nasceram os dois primeiros rebentos levou Josué, o sogro, a zombar da filha e, principalmente do genro, o qual passara a chamar de Eros, em referência ao Deus grego do amor, dada a volúpia do jovem casal.

O avô, que já havia dado nome ao primeiro neto em homenagem ao pequeno guerreiro vitorioso na épica batalha bíblica, tentou, sem sucesso, em nome da coincidência com o dia do santo preferido, batizar a bela criança com o nome de Expedito.

— Pai, me perdoe a sinceridade. Respeito a sua devoção e admiro de coração a história do santo das causas impossíveis, mas é um nome muito feio. O bebê terá o nome de Gabriel, tudo bem?

Sempre cordato, o velho sorriu. Conhecia o gênio de sua única filha e por vezes via renascer em seus trejeitos a imagem doce e impressionantemente bonita de Giocconda.

Ah, minha eterna namorada... Por que partiste tão cedo? Que falta você me faz!

Além de belo, o menino Gabriel era forte como um animal, alimentava-se com voracidade, raramente ficava doente. Sofreu apenas uma vez com um sarampo cruel, delirou em febres e coceiras, mas ao contrário do frágil irmão mais velho, em pouco mais de uma semana já brincava com as galinhas e puxava as orelhas do velho Sultão, para desespero do vira-lata que o avô ganhara de presente quando ajudara um dos vizinhos a instalar o madeiramento e cobrir a casa dele.

Quando Gabriel completou 3 anos já era maior e mais forte do que David e a presença do menino mais novo ofuscava a figura do irmão. Bem mais tarde, na adolescência, a diferença física entre ambos acentuou-se de tal forma, que uma professora brincava, referindo-se aos jovens como David e Golias.

Assustados pela rápida multiplicação da família, embora com boa condição financeira, os pais dos meninos resolveram dar um tempo nas visitas da cegonha, fato que voltou a ocorrer apenas quando David estava prestes a completar 8 anos.

O terceiro filho, a exemplo dos antecessores, nasceu por mãos hábeis da parteira da comunidade, visto que médicos ainda eram luxos de cidade grande.

Gabriel, então com 7 anos de idade, estampava na boca, já sem alguns dentes de leite, um sorriso contínuo de quem nasceu para proteger os seus. Ficava encantado, segurando a mãozinha do pequeno.

Arrependida por ter negado ao pai a sugestão do nome do segundo filho e diante da indiferença do marido nessas pequenas decisões, a mãe registrou o menino com o nome de Expeditum, aquela latinização do nome. Caso ele fosse advogado, sem dúvidas poderia, no futuro, proporcionar ao menino certa notoriedade.

Estava enganada! Expeditum não seria advogado.

SAN BARTOLOMEU

Dizem que o vô Joshua, com boa situação financeira, filha bem casada, genro próspero e trabalhador, além de três netos saudáveis, abateu alguns cordeiros e naquele final de semana, juntamente a alguns amigos, embriagou-se fartamente de vinho, tendo ainda, segundo algumas línguas, encerrado a comemoração numa casa de festas com mulheres, digamos… de vida fácil.

Pouco mais de um ano, quando Expeditum já andava firme e balbuciava as primeiras palavras, veio ao mundo a "bonequinha". Pequenina, prematura, branquinha, sorridente, os olhos claros da falecida avó.

Se os três meninos vieram ao mundo sem grandes complicações, a última gravidez de Anahide seria dramática, apavorante – talvez o maior pânico da vida de seu pai, o velho Joshua.

Tal qual o interstício de tempo entre David e Gabriel, pouco tempo depois do nascimento do terceiro, a mãe começou a apresentar alguns enjoos. Só que dessa vez eram mais intensos e que, somados à falta de apetite, acabaram por causar uma anemia profunda que demoraria tempo para ser curada. Além disso, a sempre bem-humorada e disposta mãe apresentou sinais de pequenas tristezas, que motivaram a contratação de uma empregada e uma enfermeira. Por volta de cinco meses de gravidez, a situação tornou-se insuportável. A mãe de David começou a desenvolver severos desajustes de pressão arterial. A saída foi buscar um médico na capital.

A fisionomia empalidecida e os olhos distantes não enganavam o vô Josué. Três décadas antes ele passara por isso e o nascimento de sua filha terminara de forma trágica, pondo um triste fim à vida de sua bela esposa Giocconda. A repetição dessa situação, agora com a filha, seria castigo demais para o seu coração.

Assustado, quase em pânico, Joshua reuniu-se em pensamento com Santo Expedito, o santo das causas impossíveis, que, tal como seu devoto, havia nascido na Armênia.

— Santo Expedito, se acaso o parto de minha filha terminar bem, prometo que vou construir às minhas expensas um pequeno hospital e um lar de repouso para idosos naquele terreno do carvalho na entrada da cidade.

O terreno foi o primeiro imóvel adquirido por Joshua quando chegou a Saint Martin. Ele pretendia construir naquele local uma casa grande com varanda para Giocconda, mas o destino não quis.

No segundo dia após a chegada do doutor, nasceu a criança, prematuramente, com aproximados sete meses de gestação. Apesar do imprevisto, mas com excelentes cuidados médicos, a pequena menina viria a ter uma vida saudável.

No entanto a saúde de Anahide, acometida de severa hemorragia pós-parto, preocupava a todos – especialmente o pai que, por experiência própria, sabia da gravidade do caso.

Após dois dias de intensos cuidados médicos, alimentação e cuidados especiais, a situação continuava delicada. Numa noite, antes de dormir, Joshua abriu nova proposta a Santo Expedito, num gesto de dignidade e coragem: salvando-se ou não a filha e a neta, ele cumpriria a promessa e construiria as obras prometidas.

Na manhã seguinte, como por "milagre", a filha apresentou sensível melhora e a netinha também, mamando um líquido indicado pelo médico e preparado com carinho pelas mãos santas de Fanni, a vizinha, esposa de León. O pânico passou e as coisas foram voltando ao normal. Em dez dias o médico voltaria para a capital.

Anahide não teve dúvidas, a menina chamar-se-ia Giovanna. O vô Joshua adorou o nome. Giovanna – Giocconda. Sabia que essa semelhança parcial nos nomes não era simples coincidência.

Novos dias de festas e, ao final, o avô louco para ouvir umas canções na taberna de poucas virtudes.

A crise passou e o velho Josué, meio envergonhado por ter inicialmente colocado à prova os préstimos do amigo Expedito, tratou logo de construir os prédios prometidos. Com o material à disposição e farta mão de obra voluntária, principalmente aos finais de semana, em pouco tempo a promessa do avô estava cumprida, para deleite e bajulação dos políticos locais.

A família estava constituída. Josué, rico e feliz. A filha e o genro, fazendeiro e criador de gado que progredia a olhos vistos, e os quatros netos: David, feio e magrelo, mas com enorme jeito para os negócios; Gabriel, o belo; Expeditum, extrovertido e grande companheiro da mãe; e a pequena Gi, que começava a engatinhar.

Faltava Giocconda! Mas os desígnios de Deus levaram-na cedo, privando-a da enorme felicidade de ver aquela criançada fazendo bagunça em meio aos latidos do Sultão.

Dos quatro netos, David era o companheiro assíduo e praticamente morava mais com o avô na casa vizinha, só indo embora depois de insistentes chamados da mãe. David cresceu admirando aquele homem de tantos dons, de fala mansa, que tantas "viagens" compartilhava nas histórias contadas aos netos. E ele herdaria do avô o enorme talento para os negócios, dom que lhe garantiria uma vida confortável para sempre.

Gabriel era meio fechado. Não sorria muito, mas era apaixonado pela família. Sempre foi um bom menino, respeitoso com os pais e bem-educado, como os demais irmãos. Ajudado pela beleza, vigor físico e um sorriso enigmático, seria, durante toda a sua vida, admirado e cortejado pelas mulheres. Desde a mais sisuda até as dadas, todas admiravam a beleza desse homem.

Além da admiração feminina, Gabriel também sempre teve uma enorme habilidade, facilidade e sorte com jogos. Esportes variados, jogos de azar, carteados e até corridas de cavalo, Gabriel ganhava sempre, pois possuía uma intuição extremamente aguçada, que lhe dava certo ar de magia.

Destarte, era ambidestro e dotado de uma coordenação motora digna de inveja. Na escola sempre fazia truques de mágica que encantavam a todos e tinha grande facilidade para o aprendizado em instrumentos musicais. Também tinha fascinação por dragões.

Entretanto Gabriel era dono de um temperamento forte. Desde muito novo não aceitava desaforos – por isso mesmo acabou desenvolvendo uma notável destreza que, somada ao vigor físico, faziam com que fosse, desde moleque, respeitado na localidade onde nasceu e cresceu.

Agora que completara 18 anos e planejava convidar o irmão David e o avô para, escondidos dos pais, fazerem uma visita à famosa "Taberna dos Prazeres" do seu Karim, o velho foi embora, assim, de supetão. Ele não era tão apegado ao avô como o irmão, mas, com certeza, a partida inesperada do velho também doeu fundo no coração do menino.

Capítulo XIII

Alegre hora da partida

A primeira semana sem o avô foi silenciosa, mas, sobretudo, uma fase de intensa reflexão para David.

Havia concluído a escola local com raro brilho. Porém, para continuar os estudos em nível superior, precisava mudar de ares. Saint Martin havia chegado ao seu limite para as aspirações do rapaz.

Assim, a primeira atitude em relação ao armazém herdado do avô foi realizar uma contagem minuciosa do estoque e levantamento do patrimônio.

David sabia que "seu Alfeu", amigo do avô vivia querendo comprar o armazém. Agora, com certeza, seria ele – David – a ser assediado com novas propostas.

Após uma reunião com o contador do avô, David chegou à conclusão sobre o valor total do patrimônio e deixou vazar comentários de que poderia vender o empreendimento caso houvesse interessados. Imediatamente recebeu a visita do velho amigo, que novamente manifestou interesse em adquirir o armazém.

— Seu Alfeu, para que possamos iniciar qualquer negócio preciso saber se o senhor assumiria o compromisso de manter o atual quadro de funcionários. Essa situação é uma exigência que o meu avô deixou por escrito como condição para que eu herdasse o negócio.

— David, caso a gente realize o negócio, eu não tenho por que mudar. Conheço todos e confio no León, no seu amigo Jumbo e nos demais funcionários. Quanto a isso fique sossegado.

David, dotado de espírito empreendedor e uma rara visão para negócios, percebeu que o homem realmente queria adquirir o armazém. Sabia também que Saint Martin não tinha envergadura para o tamanho de seus sonhos. Além disso, precisava urgentemente localizar Tina para ver se aquela paixão platônica havia sobrevivido no coração da moça.

Pouca coisa prendia-o no torrão natal. Apesar dos 19 anos, tivera apenas alguns namoros sem futuro. Na realidade, o beijo de Tina nunca saíra de sua memória e, assim, nunca quis construir um relacionamento que valesse a pena.

Os pais, ainda jovens, saudáveis e com vida próspera, haveriam de se preocupar com o casal de filhos mais novos, que ainda estavam no final da infância.

Gabriel seria o sucessor do pai nas fazendas. Habilidoso com a lida de gado e ovelhas, saberia tocar em frente e aumentar a fortuna do pai, ainda mais agora com a gorda herança que a mãe recebera com a morte do avô.

Domingo era domingo. Comida farta, macarrão ao molho, cordeiro assado e muito vinho. Na vã tentativa de disfarçar a falta do grande patriarca, a mãe convidara León e Fanni, além do médico e das enfermeiras que cuidaram do seu pai na última semana, para o almoço.

Após a sobremesa, enquanto o pessoal conversava em ritmo lento de um domingo de garoa, todo mundo olhando as redes vazias no alpendre e com vergonha de tirar um cochilo, Davi chamou os pais na sala.

— Pai e mãe, venho pensando há algum tempo e durante esta semana amadureci uma ideia.

Gabriel recostou-se no sofá ao lado do irmão.

— Conte-nos – respondeu o pai.

— Nós temos uma família muito boa, vivemos em paz, temos saúde e prosperidade, mas eu penso em fazer vida em algum local que apresente mais oportunidades. Pretendo conhecer um pouquinho do mundo lá fora.

— Filho, eu e sua mãe sempre procuramos dar a vocês o melhor conforto e a melhor educação. Porém, como dizia o meu falecido pai, a gente não cria filhos para a gente. Os filhos são criados para o mundo. Fique à vontade para tomar as decisões que seu coração indicar. Não é verdade, mulher?

A mãe de David sorriu complacente. Era filha de imigrantes e lembrando-se dos olhos brilhantes de David com as histórias do avô, sempre soube que o filho admirava as andanças do velho mercador.

— Vocês têm alguma objeção de ordem sentimental se acaso eu vender o armazém para o seu Alfeu?

— David, o armazém é seu, foi presente do seu avô. Você tem todo o direito de fazer o que acha certo – respondeu o pai, com o gesto de consentimento da esposa.

— Porém, antes de qualquer mudança definitiva, sugiro a você que viaje um pouco, conheça a capital, veja se tem interesse em continuar os estudos. Graças a Deus nós temos condições de mantê-lo estudando. Respire outros ares, amadureça seus projetos e depois tome as decisões que julgar apropriadas.

De repente, foi Gabriel quem falou:

— Mãe, eu já tenho 18 anos e vou com o meu irmão, a não ser que ele não queira.

David permaneceu silente, mas gostou da ideia. Ter Gabriel junto era a certeza de mais segurança, além da companhia sempre bem--vinda do irmão.

— Gabriel, o que seu pai disse para David também vale para você.

No domingo à tarde, David foi à casa de seu Alfeu. Pediu um valor equivalente a duas vezes o patrimônio. O ponto comercial, a história e o prestígio construído em quatro décadas pelo avô também haveriam de ter valor. O comprador achou caro, ficou de pensar, fez algumas ofertas, e depois de três dias e alguns parcelamentos acordados acabou adquirindo o empreendimento.

Nesse dia, David assegurou ao amigo Lorenzo, que iria buscá-lo para trabalharem juntos. A promessa seria cumprida brevemente.

David entregou as chaves do armazém e assinou um documento transmitindo seus direitos hereditários ao comprador. Em uma semana, os preparativos para a viagem foram ultimados.

Com relação a León e Fanni, o negócio foi mais rápido. A mulher já trabalhava na pousada do avô e David sugeriu que León deixasse o armazém para trabalhar junto à esposa. Os dois cuidariam do estabelecimento e pagariam 30% do lucro líquido como aluguel. O negócio aconteceu em menos de uma hora.

David e Gabriel iriam a cavalo, numa viagem que duraria alguns dias, até a estação de trem mais próxima, localizada no entroncamento ferroviário na cidade de Musgravite. Dois funcionários da fazenda seguiriam junto para auxiliá-los na viagem, além de oferecer segurança. Posteriormente, regressariam com a tropa de animais da fazenda. Os rapazes embarcariam no trem que partia diariamente de Musgravite e chegariam à capital para conhecer um novo mundo, abrindo-se para novos horizontes. Seria uma viagem sem compromisso, sem data para voltar. Os meninos sempre foram pessoas de boa educação, filhos leais, e mereciam esse passeio, principalmente agora que David vivia dias de agonia, aturdido com a morte do avô.

Uma lágrima furtiva da mãe, como que antevendo a perda dos filhos para o mundo. Abraços no pai, nos irmãos mais novos, conselhos de Fanni e León.

Segunda-feira, dezessete de agosto do ano de mil novecentos e setenta – exatos quinze dias após o enterro do velho sheik –, às 7h de uma manhã fresca, a viagem começava.

O comboio seguiu composto por quatro homens: David, Gabriel e dois fiéis capatazes da fazenda, além de dez animais, duas mulas cargueiras de pelagem cinza da cor de rato e oito cavalos, que revezariam, ora encilhados com os peões sobre o lombo, ora descansando.

A mula de vô Joshua, batizada com o nome de Faxina, fez parte do comboio. O animal duraria ainda mais vinte e quatro anos sob as atenções e cuidados do peão Mariano.

Capítulo XIV

"Tina eu te amo"

A pequena aldeia de Saint Martin, onde os meninos nasceram e viveram durante quase duas décadas, distava aproximadamente 30 léguas de Musgravite, a maior cidade da região. Ficava lá o entroncamento ferroviário em que embarcariam no trem rumo à capital.

Considerando que estavam sem pressa e ainda o zelo e o cuidado com os animais, decidiram cumprir a viagem em quatro dias, fazendo as paragens em locais previamente estabelecidos, que o pai, rico fazendeiro, sempre utilizava para descanso em suas viagens com as boiadas embarcadas em trens cargueiros no mesmo entroncamento ferroviário que seria utilizado pelos filhos.

Por volta de 11h e com bom rendimento na caminhada, pararam para almoçar numa venda à beira da estrada.

Após o almoço, enquanto cochilavam e descansavam os animais sob a sombra de uma figueira, Gabriel, remexendo em seu saco de viagem, retirou um embrulho e chamou David de lado.

— David, dá uma olhada aqui. Esse é o revólver que o vô trouxe do Cairo e me deu. Resolvi pegá-lo, afinal, nunca foi usado, e o papai provavelmente jamais faria uso disso. Em todo caso, esse segredo fica somente entre a gente, não conte pra ninguém. O mundo aqui fora é cruel e precisamos nos prevenir. Ele está carregado.

David, alheio aos perigos, visto que o irmão, mais forte, sempre o defendera nas brigas escolares, observou com desdém aquela peça cromada com cabo de madrepérola. Certamente era produto da indústria inglesa e provavelmente não seria utilizado na viagem, visto que os objetivos da caravana eram pacíficos.

— Gabriel, a gente não vai precisar disso não.

David estava enganado. Redondamente enganado.

— Sei lá, David. De repente, a gente cruza com um lobo selvagem no meio do caminho...

Gabriel também estava enganado. Redondamente enganado.

A viagem seguiu tranquila até o crepúsculo de quinta-feira, quando já próximos de Musgravite resolveram pernoitar numa aldeia duas léguas antes, onde ocorriam festejos do padroeiro local – San Bartolomeu.

Após se instalarem numa pequena pousada recomendada por Julio Alphonso, os quatro rapazes decidiram ir à festa que acontecia na praça central. Lá haveria comida, vinho, músicas e moças bonitas, coisas bas-

SAN BARTOLOMEU

tante aprazíveis para jovens que viajaram tantas léguas trotando sobre lombo de cavalo.

Apesar do pouco convívio com as práticas religiosas, uma vez que todos eram católicos não praticantes, naquela noite era de bom tom aos quatro cavaleiros, antes da festa, participarem da missa. Depois desta viria a parte boa do evento.

Durante a festa religiosa, na qual a maioria dos "fiéis" seguia atrás de prazeres pagãos, David reconheceu um pecuarista, amigo de seu pai.

Jantaram juntos, Seu Ramon, a esposa, Tina e os quatro rapazes. David, orientado pelo velho avô, sempre fez questão de tratar os funcionários de forma respeitosa, quase parental. Assim, os capatazes sempre se sentavam à mesa com os filhos do patrão.

Na conversa, David negociou a compra de uma centena de garrotes, os quais seriam levados quando da volta dos dois capatazes, que seriam ajudados por outros da fazenda do vendedor.

David, hábil comerciante, naquele momento ofereceu um boi de presente a cada um de seus fiéis capatazes, cabendo a eles escolhê-los quando retornassem à fazenda do pai. E Gabriel, como de costume, falava menos, mas também, como de costume, seria admirado pelas moças daquele povoado.

Quando percebia que estava sendo objeto de olhares femininos, a face de Gabriel furtivamente transformava-se em um olhar vago, quase *blasé*, e ao mesmo tempo melancólico. Essa reação lhe dava um aspecto carente, despertando uma cobiça ainda maior das mulheres em pegar para si aquele anjo enigmático.

David, por sua vez, apesar do enorme talento para as relações pessoais e comerciais, decididamente não possuía os mesmos dons para as conquistas amorosas. Ainda mais quando, na maioria dos casos, era visto em companhia do irmão, de plumagem escancaradamente mais bela.

Mas naquela noite, David sabia que tudo era diferente, afinal estava diante do grande amor de sua vida e, pela troca de olhares, sabia que existia reciprocidade por parte de Tina. A menina olhava encantada para aquele rapaz que jamais esquecera. Aquele jovem sério, que falava como homem maduro, era realmente o amor de sua vida. David, envolto aos negócios com o pai da moça, e também por timidez, disfarçava o flerte.

Após o jantar no pavilhão erigido de madeiras roliças e coberto de lonas, seguiu-se a apresentação de músicas num palco improvisado, cujo

75

barulho misturava-se com a queima de fogos coloridos, soltados pelas mãos animadas do vigário local, para desespero dos cães da vizinhança.

Por volta de 21h, abatido pelo cansaço, David, sem encontrar coragem para "raptar" a menina dos pais, informou ao irmão e aos dois companheiros de viagem que seguiria para a pousada, pois estava exausto.

A pousada, localizada na beira da estrada, distava algo em torno de um quilômetro da praça central.

— Eu vou com você e depois eu volto. Nesses dias de festa a cidade fica mais perigosa.

Intuitivamente, Gabriel sabia que estava na viagem para proteger o irmão mais frágil.

— Não precisa, Gabriel. Eu sei me cuidar – replicou David.

— Está bem. Se você prefere assim, vou ficar por aqui mais um tempinho. Daqui a pouco a gente volta para a pousada.

David saiu caminhando da festa, bem alimentado, feliz por ter realizado um bom negócio. No dia seguinte cedo passaria na casa de Tina para, quem sabe, falar a sós com ela. Depois mais uma pequena viagem e o embarque no trem de passageiros rumo à capital. Depois talvez o porto, o navio, o Mediterrâneo, Cairo, o Oriente.

Gabriel, intuído por pensamentos estranhos, pediu aos dois rapazes para seguirem rumo à pousada. Deixou a festa e seguiu os passos do irmão, distante cerca de 80 metros para que não fosse percebido. Afinal, se David dispensara a escolta, ficaria chato "perseguir" o querido irmão.

Dois minutos de caminhada pela principal avenida do povoado em direção à pousada e o silêncio foi cortado por uma voz suave e ofegante.

Tina, a filha do fazendeiro, veio andando rápido, quase sem ar. Apesar do vestido folgado, David enxergou as curvas do corpo de sua amada.

— Que linda que você está, Tina!

— David, eu vi você conversando com meu pai, que está de viagem à capital. No final do ano a minha família voltará para a Espanha. Eu pretendo estudar Medicina em Madrid e talvez a gente siga caminhos diferentes. Assim, eu quero dizer que ainda gosto muito de você. Você poderia me acompanhar até a minha casa?

David olhou estupefato. Aquilo era surreal. Aquela menina formosa, linda, de sorriso doce, pedindo a sua companhia, assim, de forma tão natural.

— Claro, Tina. É um enorme prazer... Vamos?

No caminho, Tina pegou na mão de David e foi contando detalhes do povoado para o rapaz. Passaram em frente a uma escola de fachada simples e antiga, era ali que a menina estudava.

Caminharam rumo ao sul da pequena cidade por cerca de dez minutos até pararem em frente ao portão de ferro da bela casa da menina, mais bela do que a casa. Gabriel, agora mais animado e curioso, como um detetive vislumbrava de longe aquela cena, feliz pela aventura do irmão.

— Chegamos, Tina. Boa noite para você. Diga para sua família que amanhã de manhã passo aqui para me despedir de vocês.

— David, me dá um abraço então?

Ao abrir os braços, a moça apertou-lhe fortemente contra si. David sentiu a corrente sanguínea agitar-se, numa imediata descarga de adrenalina. A moça colou a face próxima ao rosto de David, olhos nos olhos. De repente, ficaram ainda mais próximos. Tina, num movimento frenético, fechou os olhos e enfiou a língua dentro da boca do rapaz, beijando-o de uma forma que ele jamais esqueceria. Logo em seguida, abriu o portão e deixou-o ali, aturdido em pensamentos, um homem apaixonado.

Ao fundo ouvia-se, no som da Igreja de San Bartolomeu, a música "Stand by Me", do cantor B. B. King. A tradução literal da música falava por si – "Espere por mim". Será?

David já não pensava mais nas mil e uma noites – seu mundo estava ali, naquela boca quente e ousada que acabara de beijar. Já não tinha mais dúvidas, Tina era realmente a mulher de sua vida. Pela manhã cancelaria sua viagem, voltaria àquela casa e pediria a menina em namoro. Gabriel ajudá-lo-ia a criar coragem.

Após alguns instantes, o rapaz "acordou" e lembrou-se de caminhar até a pousada. Mas no dia seguinte, com certeza, realizaria seu sonho.

Menos de um minuto de caminhada e uma voz ecoou na esquina à direita.

— Ei, rapaz, quem é você?

David virou-se para olhar e imediatamente sentiu a pancada no rosto e o gosto de sangue na boca. O soco derrubara o frágil rapaz. Eram três jovens, um deles tinha um amor não correspondido por Tina.

David foi chutado nas pernas, nas costas, as mãos protegendo a cabeça. Gabriel, o anjo protetor do irmão, chegou rápido.

— Parem! Vocês vão matar o meu irmão!

Os agressores, "cegos de ódio", não deram ouvidos. David não seria capaz de suportar tamanha agressão.

Os dois rapazes maiores, um deles extremamente forte e com um punhal na mão direita, partiram em direção a Gabriel. Gabriel jamais tinha atirado, mas conhecia a sua habilidade manual e sabia que faria a coisa certa.

Lembrou-se da frase escrita pelo avô, que ele havia lido recentemente quando recebera a arma de presente: "Tente, de todas as formas, nunca apontar esse revólver para ninguém, mas se um dia precisar...". Gabriel conhecia o avô e sabia que o sinal de reticências, ou seja, aqueles três pontinhos no final da frase, queria dizer: se um dia precisar, use-a pra valer!

Numa fração de segundos, mentalmente ainda pediu perdão a Deus, depois sacou a arma do avô, que jamais havia sido usada. Os dois rapazes foram "crescendo" em sua direção, não havia mais nada a ser feito. Se corresse, seu irmão, com certeza, seria linchado. Apontou com firmeza e mirou na testa daquele que empunhava a faca. Apesar da pouca luminosidade, o disparo atingiu o agressor do irmão entre as sobrancelhas. O grandalhão espatifou-se no chão como uma melancia. O sangue misturou-se à areia da rua não pavimentada. Os dois companheiros do morto saíram em desabalada carreira. Nessa versão atualizada da luta bíblica, novamente David venceria o gigante.

O irmão agredido recobrou-se e, diante da cena, imediatamente lhe veio à mente a morte do presidente americano assassinado há quase uma década, com um tiro de fuzil, que explodira seus miolos.

— Gabriel, você matou o garoto!

— Vamos, David. Vamos embora daqui. Não quero ser preso, mas estou com a consciência tranquila. Antes ele do que a gente.

Antes de partir, David olhou o corpo no chão e fez o sinal da cruz. Depois, correu cerca de uma quadra em sentido contrário, recordou-se do avô – não tenha vergonha do seu amor –, e com um pedaço de tijolo escreveu na calçada da escola da menina: "Tina, eu te amo".

David guardou no bolso o pedaço do tijolo que restou em sua mão e, então, eles correram rapidamente em direção à pousada.

Capítulo XV

A fuga

Apesar de bastante machucado, David estava anestesiado pelas descargas de adrenalina – primeiro com o beijo quente e doce da menina Tina, depois com o festival de pancadaria a que fora submetido. As dores certamente viriam nos dias seguintes, quando esfriasse o corpo.

Desceram correndo até a pousada, pagaram a estadia, acordaram os dois capatazes e rapidamente colocaram o comboio na estrada.

Pelo tamanho do povoado, embora fosse noite e não houvesse testemunhas, era óbvio que logo as investigações e as buscas seriam iniciadas. David e Gabriel temiam pelo rigor das leis, se bem que não seria difícil provar legítima defesa. Porém eles temiam, sobretudo, pela suposta vingança de um pai desesperado e de uma comunidade pequena que poderia fazer justiça com as próprias mãos. Era hora de "sair à francesa".

Os 12 quilômetros que separavam a aldeia onde ocorrera o crime foram vencidos rapidamente. Nessa hora já deveriam estar sendo procurados. Com pressa, contaram a verdadeira história ocorrida aos capatazes para que a notícia fosse dada na exata versão aos pais de David e Gabriel.

Chegando à estação de trem, David comunicou ao irmão que assumiria o crime e que se entregaria à polícia local.

— Você está louco? Esqueceu que sobraram duas testemunhas vivas? Aqueles canalhas farão de tudo para nos prejudicar. Além disso, é hora de fugirmos. Quanto mais o negócio esfriar, maiores as nossas chances de sairmos desse imbróglio.

Gabriel tinha razão. De repente, dada a proximidade entre os povoados, o rapaz morto poderia ter amigos ou parentes ali e a situação ficaria complicada.

No pátio da estação havia um trem cargueiro cuja locomotiva apontava em direção ao interior.

Aquela linha férrea, que percorria em torno de mil quilômetros, ligava a capital, no leste, até Santa Clara, a última cidade do interior, no extremo oeste. A estação em que se encontravam estava na altura do quilômetro 470, portanto no meio do caminho para qualquer lado que resolvessem ir.

Gabriel pensou mais rapidamente:

— David, com certeza, até a saída do trem amanhã cedo para a capital, a polícia já estará aqui.

— E o que faremos? – respondeu David, procurando sempre as soluções do irmão protetor.

— Vamos dispensar algumas coisas excedentes da bagagem, pegamos apenas duas mochilas com roupas, documentos e dinheiro. Já tenho a solução. Confie em mim.

Pediram aos capatazes para que ficassem alguns dias descansando em Musgravite antes de voltarem. Se acaso fossem indagados por alguém, os rapazes afirmariam que não sabiam do incidente, diriam apenas que os filhos do patrão tinham ficado na estação, onde embarcariam para a capital.

Finalmente, orientaram os empregados para que, no regresso, passassem na casa do pai de Tina pela manhã bem cedo, não despertando, assim, nenhuma relação com a morte do rapaz. De lá, levariam embora o gado adquirido por David para a fazenda de seu Julio e a vida seguiria o rumo normal. Assim seria feito pelos competentes cavaleiros. Enfim, quando estivessem em lugar seguro, os filhos escreveriam aos pais.

— Meus amigos, na verdade vocês são nossos irmãos. Não se esqueçam de escolher um boi para cada um de vocês – despediu-se David, com a voz embargada.

— A gente se vê. Muito obrigado por tudo!

Sorrindo, Gabriel abraçou os dois rapazes boiadeiros, que em uma semana, com toda a experiência de Mariano, chegariam de volta a Saint Martin, passando com a boiada em frente ao carvalho que fazia sombra ao hospital do velho Joshua.

David e Gabriel descansaram um breve cochilo sob a marquise de um armazém ao lado da estação. Ali seriam confundidos com jovens mochileiros que atravessavam o país. Por volta das 5h, o trem cargueiro que partiria rumo a Santa Clara deu sinais de vida. Gabriel sacudiu o irmão, já bastante dolorido, e após um rápido sinal subiram em um vagão vazio, que seguiria até o extremo oeste, para voltar carregado de madeira em direção à capital.

SAN BARTOLOMEU

No cruzamento ferroviário havia um trem em sentido oposto, que levaria o gado para abate na capital. David olhou em direção a um dos vagões e numa fração de segundos seu olhar defrontou-se com um dos animais, que o fitava na escuridão. O boi tinha olhos de tristeza, de quem sabia seu destino. David jurou em pensamento que nunca mais criaria gado para a morte.

Subiram no vagão em direção à Santa Clara. "Que beijo caro", pensou David, lembrando daquela língua quente que invadira a sua boca sem pedir permissão. Ao mesmo tempo, sentiu-se feliz pela lembrança e pensou, faria tudo de novo.

— Gabriel, o vô sempre dizia pra mim: perca tudo, mas não perca a cabeça. As coisas boas passam e as ruins também. Sei que você deve estar chateado, mas obrigado por salvar a minha vida.

Gabriel sorriu mudo, ajeitou a pequena mochila como travesseiro e desmaiou no assoalho duro do vagão cargueiro.

A força policial de Musgravite, o coronel Reginaldo Fidêncio, seu sargento de confiança, Antônio Benjamim Pavan Toalhares, e um punhado de cães farejadores varreriam aquelas paragens. Muito esforço para nenhum resultado.

Capítulo XVI

Louise

A viagem clandestina duraria até a próxima estação, na bela cidade de Orion, cerca de 78 quilômetros a oeste do entroncamento ferroviário de Musgravite.

O vento e a garoa castigaram os rapazes durante a viagem a céu aberto. David estava acabado. Com hematomas no rosto, joelho e costela doendo, mas vivo e, sobretudo, aquecido pela lembrança de Tina.

Com a parada do trem, saltaram discretamente daquele vagão e com bastante dinheiro no bolso dirigiram-se até uma pousada próxima à estação ferroviária, onde resolveram descansar um dia para, na manhã seguinte, embarcarem, dessa vez num trem próprio de passageiros.

A recepcionista do Hotel Central era uma moça morena, de cerca de 20, que chamava a atenção pelos seus dotes físicos. Tinha uma beleza singela e única, além de um corpo escultural, realçado por um vestido justo.

Gabriel reparou como era bonita e elegante a recepcionista do hotel. No momento de preencher a ficha de hóspede, o menino, fascinado, olhou fundo nos olhos da moça, seu olhar era de cobiça.

A moça, de nome Louise, educada, retribuiu sorrindo àquela carinha de menino carente que só ele tinha. No canto alto da sala de recepção do Hotel, uma pequena caixa de som tocava a música "All I have to do is dream" dos "irmãos" americanos Everly Brothers. Gabriel cantou mentalmente e sonhou acordado com aquela beleza. Estava cansado e assustado com as emoções da viagem. A recepcionista do hotel, também muito jovem, sentiu a doce sensação daquela reciprocidade de olhares e interesses entre um homem e uma mulher, ambos na flor da idade.

David estava em cacos, volta e meia pensava no beijo caro de Tina e cada vez mais tinha certeza de que ela era a mulher de sua vida.

Antes de entrarem no quarto, os rapazes resolveram almoçar num pequeno e acolhedor restaurante próximo ao hotel. Ambos estavam com muita fome e devoraram o cardápio de arroz, carne e salada. "O melhor tempero é a fome" – David recordou-se do velho avô.

Após comprarem remédios numa botica próxima, resolveram que era hora de tomar banho e descansar. Na volta ao hotel, a recepcionista, já mais íntima, perguntou a David o que ocorrera.

Antes da resposta, Gabriel adiantou-se dizendo que haviam brigado numa festa, num povoado próximo, e que David precisava de algum chá ou infusão para diminuir o inchaço no rosto e a dor nas costas e pernas, agredidas havia pouco tempo. A moça dispôs-se a ajudá-los de forma carinhosa e dirigiu-se até a camareira do hotel, com a qual confabulou algumas coisas. Gabriel estava encantado com aquela moça.

Foram ao quarto e após o banho, David recebeu um chá e uma água quente com escaldo de plantas medicinais para colocar sobre as contusões. Dormiu seis horas seguidas e sonhou com Tina.

Gabriel, apreensivo, porém mais saudável, descansou por duas horas e meia e foi à recepção do hotel. Chegando lá, abriu o coração e contou à recepcionista tudo o que havia ocorrido nas últimas vinte e quatro horas. A moça ouviu em silêncio, depois prometeu segredo e colocou-se à disposição para qualquer tipo de ajuda.

Louise gostara daquele menino, sua presença trazia-lhe uma alegria diferente. Durante a conversa, ela contou ao rapaz que era filha do proprietário do hotel e que a sua família morava numa casa no fundo da hospedaria. Olhando a casa pela fresta da janela da recepção, percebia-se que a moça levava uma vida confortável.

Às 18h pontualmente, a moça da recepção encerrou o seu turno, sendo substituída por um rapaz mulato e gordinho. O rapaz, de nome Mariel, era sisudo, porém extremamente educado e prestativo. David lembrou-se de Jumbo. Já estava com saudade daquele amigão divertido.

Gabriel, notando a falta da musa e a péssima substituição feita do ponto de vista estético, dirigiu-se até a casa ao fundo para falar com a moça.

— Louise, caso você não tenha compromisso familiar ou namorado, gostaria de convidá-la para passear um pouco. Poderíamos tomar um refrigerante. Gostei muito de você. Amanhã provavelmente partirei daqui, mas gostaria de conhecê-la melhor. Você me parece aquele tipo de pessoa que se leva para a vida toda.

A moça sorriu faceira, beijou o próprio dedo indicador, depois colocou o dedo na ponta do nariz do rapaz, num gesto de carinho, e disse:

— Vou tomar um banho, descansar um pouco e depois aviso você no hotel. Está bem assim, meu querido? – Que mulher encantadora.

Nessa altura, os dois irmãos já estavam arrebatados pela paixão. David era mais compenetrado, sabia que Tina era a mulher de sua vida, que iria casar-se com ela. Gabriel, mais impaciente, queria beijar na boca, queria fazer amor, desejos típicos da juventude.

David jantou com seu irmão, dessa vez no restaurante do próprio hotel, e comeu como um elefante. Já se sentia melhor, mas ainda precisava de repouso. Uma noite de sono acabaria por restaurá-lo da pancadaria, da correria, da friagem e do estresse dessa viagem maluca.

Depois do jantar, alguns hóspedes, entre eles um investidor imobiliário de descendência árabe de nome Nagib e algumas pessoas influentes na cidade, reuniram-se no andar de cima do hotel para jogar cartas.

Nagib Yousef Musa morava há muitos anos na Ilha de Caballa. Consta que seu domicílio oficial ficava na capital, porém, devido às atividades comerciais e à sua natureza nômade, o velho era comumente visto nos saguões dos melhores hotéis do país.

O negociante afirmava ser jordaniano, nascido na cidade de Dhiban, ao sul da capital Amã, próxima ao Mar Morto. Como filho de mãe espanhola, possuía dupla cidadania e ziguezagueava livremente pelo Oriente Médio: Marrocos, Tunísia, Espanha e Caballa, terra pela qual nutria profunda afeição.

Embora afirmasse que sua fortuna era resultado do trabalho de mascate, muita gente em Caballa já ouvira falar de suas atividades de exploração cruel em minas de diamante na África, notadamente em Angola, onde, segundo as más línguas, já havia ordenado o decepamento de muitas mãos de negros desobedientes.

Atuava também no ramo de construção de navios e tinha enorme prazer em contar a todos sobre sua relação de negócios e intimidade com o famoso armador Aristóteles Onassis.

Carregava sempre em sua maleta um exemplar de uma famosa revista francesa que fizera a cobertura do casamento do magnata grego Onassis com Jacqueline Kennedy. Entre as várias fotos tiradas na cerimônia de núpcias ocorrida em vinte de outubro de mil novecentos e sessenta e oito na ilha grega de Skorpius, numa delas apareciam, sorridentes e nesta ordem: Onassis à direita, Nagib ao centro, e "Jackie" à esquerda.

Conforme combinado, por volta 20h Louise apareceu na recepção do Hotel Central. Estava linda. Fez um pequeno gesto para Gabriel, que esperava sentado na sala principal. Ele levantou-se rápido e eles saíram passear.

Instintivamente, Gabriel segurou com leveza nas mãos da moça, ela não se opôs. Seu perfume era delicioso. Desceram de mãos dadas rumo à praça central.

Após comprarem refrigerante num barzinho próximo ao prédio da Prefeitura Municipal de Orion, sentaram-se num dos bancos da praça, onde conversaram por algum tempo. Depois foram ao cinema e assistiram ao filme "Airport", um thriller tenso do diretor George Seaton, estrelado por Burt Lancaster e Dean Martin.

Na volta para o hotel, Gabriel falou sobre a sua família, sobre a primeira viagem e sobre a preocupação pelo fato de estar foragido – aquilo causava constrangimento e receio. Louise garantiu ao menino que no dia seguinte entraria em contato com o pai de Gabriel por intermédio de telegrama, informando sobre a situação dos irmãos. Depois contou que era solteira, que trabalhava no hotel de seu pai desde a adolescência e que embora já houvesse tido alguns namorados, nunca encontrara alegria e satisfação nos relacionamentos que tivera até então. Aliás, pensava seriamente em mudar-se para a capital, onde pretendia estudar, formar-se em Turismo e sair daquela rotina.

Após algum tempo de intensa cumplicidade, os dois jovens, como era de se esperar, abraçaram-se e beijaram-se na boca. Vários beijos apaixonados. A ternura emanada pelo casal prenunciava coisas boas.

Voltando ao hotel, Gabriel convidou a moça para subir e assistir um pouco aos jogos, nos quais Nagib dava as cartas em alto e bom som. Percebendo o interesse do rapaz pelo jogo, convidaram-no para sentar-se à mesa, sendo que as apostas já corriam havia algum tempo.

Gabriel não se fez de rogado, pois sabia tudo sobre jogo de cartas, aprendera com os amigos do vô Joshua e possuía uma habilidade extraordinária para jogar. E logo começou a ganhar. Depois de algum tempo, Nagib, vendo que não era mais o centro das atenções e fazendo graça para os presentes, desafiou o menino para uma aposta alta, dez vezes o valor da última rodada.

Gabriel pediu licença por instantes e levou a acompanhante Louise até a casa dela. Deu-lhe um beijo, deixou-a lá e foi até o quarto em que estava hospedado com o irmão, pegou um pacote de dinheiro de sua mochila e voltou. Fecharam a aposta. Gabriel ganhou uma, duas, três vezes seguidas. De vez em quando deixava o oponente ganhar uma partida para depois, sem piedade, sobrepujar o adversário.

Por volta de duas horas da manhã a jogatina foi encerrada. Gabriel voltou para o quarto com um enorme maço de dinheiro, muito maior do que aquele com que se sentara à mesa. Havia gostado daquela brincadeira. Já Nagib ficou de péssimo humor, saiu boquejando da mesa e prometeu vingança.

Gabriel deu de ombros, não sabia que o destino ainda os colocaria frente a frente, em um embate de vida ou morte.

Capítulo XVII

"West Side"

No dia seguinte, no auge de seus 19 anos, David já amanhecera bem melhor. Apesar de franzino, era jovem e tinha boa saúde.

Após o café da manhã, a jovem Louise, agora ainda mais solícita, aproximou-se dos irmãos e, sorrindo, mostrou a Gabriel um pedaço de papel com o resumo da história que ele havia contado na tarde anterior. Depois solicitou o nome completo e o endereço de seu pai para que enviasse o telegrama, conforme prometido anteriormente.

Gabriel informou ao irmão que Louise ficara sabendo sobre o ocorrido com eles na festa de San Bartolomeu. Agora, ela comunicaria os fatos aos pais deles. David concordou com a ideia e comunicou ao irmão que já estava bem, de maneira que poderiam partir para a capital.

De repente, Gabriel, que já estava bem próximo à moça, teve uma ideia.

— David, estamos passeando sem compromisso. Daqui até a capital são 550 quilômetros, daqui a Santa Clara, por sua vez, são 450 quilômetros. O que você acha de nós visitarmos Santa Clara? Dizem que é uma cidade em pleno desenvolvimento. Talvez seja interessante para nós ampliarmos nossos conhecimentos. Depois a gente volta para a capital.

— Considerando o quanto nosso avô viajou, um dia a mais num vagão confortável não fará mal a ninguém. Vamos para o oeste, ficamos lá alguns dias e depois seguiremos rumo à capital.

— Na volta, nós ficamos um dia aqui no hotel da Louise para eu revê-la, depois vamos à capital – concluiu Gabriel.

A moça sorriu de maneira discreta, assentindo a fala do rapaz, e informou que os trens encontravam-se no pátio da cidade e que partiriam quase ao mesmo tempo em sentidos opostos. Às 10h saía o primeiro, com destino à capital, meia hora depois o vapor apitava alto rasgando para oeste, onde chegaria à noite em seu último destino – Santa Clara.

Gabriel anotou mentalmente o nome do Hotel Santa Clarita, sugerido por Louise. Pediu à moça que contasse ao seu pai no telegrama que estavam viajando rumo à cidade do sol poente e partiram em direção à estação.

A moça pediu a uma das camareiras para que assumisse a recepção e seguiu com os irmãos até a estação. Louise queria muito embarcar na companhia de Gabriel, mas o senso de compromisso e responsabilidade com os negócios da família não a deixariam fazê-lo. Pelos menos naquele momento.

Compraram as passagens e na hora do embarque, Gabriel, que havia ganhado bastante dinheiro na noite anterior, tirou do bolso uma boa quantia, equivalente a seiscentos dólares americanos, e entregou para a moça.

— Louise, eu ganhei bastante dinheiro daquele turco no jogo ontem. Por favor, pegue esse dinheiro. Eu sei que você não precisa, mas quero que dê metade para alguma instituição de caridade e com a parte restante quero que compre um presente bem bonito para você, minha princesa.

Então beijou-a na boca, desembrulhou uma bala e entregou para a moça. Subiu no penúltimo vagão ao lado do irmão e acenou sorrindo. Louise ficaria a tarde toda com os olhos inchados de tanto chorar, ao passo que a locomotiva bruta e sem sentimentos ia deixando Orion e a saudade para trás, em direção ao extremo oeste da ilha.

A cidade do oeste era diferente de tudo o que os meninos haviam conhecido em matéria de aglomeração urbana. Embora mais nova do que Musgravite e Orion, tinha uma economia vigorosa e uma população imensa que crescia a olhos vistos. Todos os dias chegava gente de todos os lugares com a óbvia intenção de ganhar dinheiro naquele rincão.

O imenso município tinha rios para pesca abundante, terras de alta fertilidade, clima bem definido, sendo o local perfeito para o desenvolvimento da pecuária e da agricultura.

Durante muitos anos Santa Clara fora um pequeno e esquecido povoado que ninguém notava. No entanto, com a chegada da ferrovia que cortava o país de leste a oeste e a construção do Porto "La Mirada", que embora distasse mais de mil quilômetros ficava de frente para Nova York – EUA, em meio século o município agigantou-se nos aspectos populacional e econômico, de forma que num futuro próximo transformaria a capital num mero centro de decisões políticas.

SAN BARTOLOMEU

Tal fato, desde logo, acabou gerando inúmeras discórdias e vozes separatistas, uma vez que o oeste produzia e arrecadava, enquanto o povo do leste, centro do poder, gastava da maneira que melhor lhe convinha.

A gigantesca Santa Clara, no extremo oeste, era a última cidade da ilha a ver o sol poente e por isso mesmo era conhecida como "a cidade dourada".

Durante a viagem, David contou para Gabriel detalhes do encontro com Tina e como aquela cena tórrida havia desarranjado o seu jovem coração. Gabriel disse que assistira àquela cena de camarote. Depois pediu desculpas por bisbilhotar o "namoro" deles. E antes que o irmão pudesse alimentar qualquer ressentimento, recordou a David que fora graças à intuição dele, Gabriel, que ambos estavam sãos e salvos.

Gabriel, apesar de assustado com o episódio que ocasionara a morte do rapagão briguento, ao contrário de seu irmão, não teve, desde o primeiro momento após o tiro, nenhuma sensação de remorso ou arrependimento.

Possuía a mais absoluta convicção da crueldade e da injustiça cometida pelos três rapazes contra o irmão. Além disso, sabia que, por mais que soubesse brigar, sua chance e a do irmão já combalido contra os três brutamontes – um deles armado de faca – eram mínimas.

Entre o choro de sua própria mãe e a mãe daquele cretino, que as lágrimas caíssem no povoado protegido por San Bartolomeu. Deus saberia julgar a todos e esse pecado não atormentaria Gabriel nenhum minuto sequer até o final de seus dias.

Por volta das 20h, a equipe de apoio do trem de luxo ofereceu o jantar, no qual os dois jovens fartaram-se do bom sistema a bordo oferecido pela Companhia *Caballera de Transportes Ferroviários Y Logística*.

Duas horas após o jantar, com algum atraso, os irmãos desceram à plataforma da iluminada Estação de Santa Clara e, em meio a uma pequena balburdia, caminharam cerca de 200 metros até o Santa Clarita Hotel.

A indicação fora de Louise, visto que a moça sempre ouvia comentários de hóspedes que, oriundos da fronteira, elogiavam o estabelecimento, um enorme prédio branco de quatro andares em frente ao mercado central.

— Um quarto com banheiro, duas camas de solteiro – adiantou-se David.

Preencheram a ficha de hóspedes, tomaram banho e, finalmente, uma noite de sonhos.

Capítulo XVIII

Telegramas

Julio recebeu apreensivo a notícia para que se dirigisse até a Prefeitura local a fim de retirar um telegrama enviado por Louise – recepcionista de um tal Hotel Central –, localizado há mais de 250 quilômetros de sua pequena cidade.

"Prezado senhor Julio Alphonso: Meu nome é Louise, sou filha do proprietário e trabalho no Hotel Central, na cidade de Orion. Na manhã de ontem, hospedamos os seus dois filhos – Gabriel e David – que chegaram até aqui sobre um vagão cargueiro. A história ocorrida com eles é meio complicada, mas tentarei resumi-la: na noite anterior, os rapazes resolveram pernoitar num povoado próximo à cidade de Musgravite e antes de dormirem foram à festa anual do padroeiro local, San Bartolomeu. Durante a festa, David encontrou um amigo do senhor e após jantar com ele e sua família, acabou adquirindo um lote de bois, que os capatazes irão levar até a vossa fazenda. Logo depois, David, antes de voltar à pousada, resolveu fazer companhia para a filha do amigo, levando-a até a casa dela. Gabriel, ciente do perigo em dias de aglomerações, resolveu segui-los. Na volta, David foi covardemente atacado por três rapazes, por ciúmes da moça. Gabriel, ao ver a situação e na iminência de ser também atacado pelos rapazes – um deles armado de faca –, sacou um revólver, que, segundo ele, ganhara do avô, e atirou no rapaz armado, que teve morte instantânea. Após isso, eles fugiram e deixaram os capatazes no entroncamento ferroviário de Musgravite, chegando até aqui num trem cargueiro. Hoje de manhã, partiram para Santa Clara. Eles estão bem e ficarão hospedados no Santa Clarita Hotel. Gabriel me garantiu que a história é totalmente verídica, que ele fugiu para evitar represálias, mas que brevemente entrarão em contato com a família. David está bem, apesar de algumas escoriações. Os capatazes devem estar hospedados na cidade de Musgravite, esperando a poeira baixar. Envio minhas saudações e coloco-me à disposição para ajudá-los no que precisar. Louise".

Atônito, Julio leu novamente a mensagem e sentiu uma ponta de desespero, mas essa não era hora para ser fraco. Pragmático como sem-

93

pre, entrou em contato com o vereador apadrinhado pelo falecido sogro. Mostrou o telegrama ao representante legislativo, que o leu calmamente.

— Quero que você entre em contato com algum político da capital e contrate um advogado criminalista para estar urgentemente em San Bartolomeu. Filho meu, se estiver realmente com a razão, não viverá foragido. Depois, ainda pediu segredo ao político, afinal, ele não contaria o episódio nem mesmo para a esposa.

O vereador deleitou-se. Agora que o velho amigo e conselheiro Josué havia passado, nada como ter o seu rico genro devendo-lhe obrigações, que seriam cobradas na hora certa. "Como Deus é bom", pensou o habilidoso político.

Rapidamente, o pai de David inventou à esposa que visitaria alguns leilões de gado para repor o plantel, bem como deveria deslocar-se até o entroncamento ferroviário de Musgravite para encaminhar a realização de algumas vendas de animais prontos para o abate.

No final do terceiro dia, o fazendeiro chegou a San Bartolomeu e encontrou-se com o doutor Raul, renomado advogado nos tribunais do país afora. Durante a viagem, Julio viu algumas obras de terraplanagem. Pelo jeito, finalmente a estrada que ligava Saint Martin a Musgravite seria pavimentada. A capital andava preocupada com o descontentamento do povo caballero e resolvera fazer investimentos, principalmente na construção de rodovias.

San Bartolomeu ainda estava abalada pela morte do rapagão. O pai de David deixou as questões policiais e jurídicas com o competente advogado recém-contratado e foi até o amigo Ramon, pai de Tina.

Lá chegando, foi convidado para o jantar. O clima estava um tanto pesado na casa devido à proximidade do local do crime e o envolvimento ainda que involuntário da menina Tina, cuja carinha faceira fora o pivô da briga que terminaria em luto.

O pai de David contou quase toda a história, com exceção do local onde os meninos estavam hospedados. O casal e a filha ouviram em silêncio para, ao final, assentirem em ajudá-lo no que fosse preciso. Diante da gravidade da situação, Tina não se conteve e afirmou:

— Eu queria que o seu advogado soubesse que o rapaz que morreu era conhecido meu. Estudamos juntos na mesma escola. Esses três que estavam envolvidos na briga viviam aterrorizando os jovens – não só os daqui, mas também os rapazes de algumas comunidades vizinhas que visitam a cidade. Tenho certeza de que David foi vítima de mais essa crueldade. A versão de seus filhos com certeza é verdadeira.

O pai de David, agradecido pela recepção, pagou a compra de gado realizada por seu filho e despediu-se, dirigindo-se à pousada de boas lembranças em que ficava habitualmente quando das suas viagens a negócio.

Enquanto isso, o doutor Raul trabalhava a estratégia de defesa com relação às acusações que Gabriel responderia.

Durante os dias que se seguiram à chegada dos rapazes em Santa Clara, ambos conheceram a nova cidade e divertiram-se bastante. Foram ao cinema, à boate, aos bares, ao mercado central. Conheceram um recinto de eventos agropecuários e, também, assistiram ao pôr do sol no cais do porto La Mirada.

Gabriel conheceu um *casino* e com seu charme habitual já encaminhara algumas pretendentes, mas aquela rotina já estava lhe deixando entediado. David ao contrário, adorara aquela cidade. Seu senso de comerciante vislumbrara inúmeras oportunidades. Naquele fervilhar de gente, ele sabia que qualquer atividade comercial bem estruturada teria tudo para dar certo.

— Gabriel, eu gostei muito desta cidade. Assim que a gente resolver a sua situação, eu falarei com o pai e vamos construir uma loja aqui em Santa Clara. Será uma loja para atender os produtores rurais. Eu percebo que a economia daqui é muito forte, mas ainda faltam lojas aqui.

Gabriel ouviu em silêncio e respondeu sem nenhuma empolgação.

— É uma boa ideia, quem sabe...

No dia seguinte pela manhã, o rapaz do Hotel Santa Clarita entregou um telegrama para Gabriel.

"Meus filhos, espero que vocês estejam bem. Estou em San Bartolomeu, com um advogado que contratei – o doutor Raul. Tomei conhecimento dos percalços que vocês passaram. Vamos conversar amanhã, na hora do almoço, no Hotel Central, em Orion. Chegaremos lá vindos de Musgravite e vocês vindos de Santa Clara. Quero vê-los, conhecer e agradecer a jovem Louise e, também, combinaremos a estratégia de apresentação e defesa de Gabriel às autoridades de San Bartolomeu. Fiquem com Deus".

Gabriel já estava enjoado do passeio e apesar do risco de ser encarcerado, precisava sair da incômoda situação de foragido. Além disso, voltaria a sentir o perfume radiante de Louise. David também precisava falar com o pai sobre negócios e, quem sabe, convencer Tina a mudar-se para Santa Clara. Era a hora de voltar para Orion.

Naquela noite, pouco antes de embarcarem no trem para a viagem rumo ao Hotel Central, encontraram o velho Nagib que, acompanhado de alguns homens bem vestidos, hospedar-se-ia no Santa Clarita para uma semana destinada à aquisição de imóveis na localidade.

Nagib sabia como poucos aplicar e ganhar dinheiro com o comércio imobiliário. Dinheiro esse que sustentava sua vida de boêmio e jogador inveterado. Gabriel pensou que naquela noite poderia ganhar mais uma boa grana do turco, mas brevemente a locomotiva iria apitar.

Capítulo XIX

Estamos indo de volta pra casa

Naquele dia os trens não atrasaram, e por volta de 10h30, conforme avençado, encontraram-se na recepção do Hotel Central, David, Gabriel, o pai, o advogado doutor Raul e a bela Louise, que, antes de cumprimentá-los, deu um abraço demorado e afetuoso em Gabriel.

Louise era um tipo raro de pessoa. Bonita por fora e por dentro, sempre de bom humor e prestativa, como o trabalho na hospedaria exigia. Com seu magnetismo pessoal acabou conquistando a todos e caindo nas graças do pai de Gabriel. O experiente Julio Alphonso queria porque queria aquela menina para ser sua nora.

Se o fazendeiro, pai de Gabriel, era prático e rápido, o doutor Raul também tinha uma objetividade impressionante e com sua experiência jurídica já havia traçado os planos para a defesa do rapaz.

— Gabriel, eu preciso que você fale toda a verdade!

— Perfeitamente, doutor.

— A história é exatamente essa que o seu pai me contou?

— Sim, doutor Raul. Se eu não atirasse nele, provavelmente aqueles imbecis teriam nos matado.

— E o que você fez com a arma?

Gabriel mentiu, colocando o irmão em situação complicada.

— Doutor, a aproximadamente quatro ou cinco quilômetros do povoado de San Bartolomeu, para quem vai no sentido do entroncamento de Musgravite tem um riacho. Ao passarmos sobre a ponte eu joguei a arma no rio. David estava junto e presenciou.

— Sim, é verdade – confirmou o irmão sem muita convicção.

— Tudo bem – disse o doutor Raul, com a certeza de que a arma estava bem guardada com o menino. Afinal, as armas sempre trouxeram lucro aos advogados.

— Eu acredito que temos todos os elementos para absolvê-lo com a tese de legítima defesa, Gabriel. Então vamos apresentá-lo espontaneamente às autoridades. Você não ficará preso. Se for necessário seu pai pagará a fiança e, provavelmente, você não poderá se ausentar da casa de seus pais sem autorização judicial até o julgamento final, o que pode demorar até um ano.

Ultimados os detalhes da rendição do irmão foragido, David saiu para almoçar com o pai e o advogado, deixando o irmão Gabriel no hotel em companhia daquela que, com certeza, um dia seria membro da família Larrosa.

Durante o almoço, no mesmo restaurante onde estivera alguns dias antes, na primeira estadia em Orion, David aproveitou para negociar apoio ao seu empreendimento.

— Pai, nesses dias em que estivemos escondidos, como o senhor sabe, Gabriel e eu conhecemos a cidade de Santa Clara. É uma cidade enorme e com muita coisa por fazer. Estive pensando e até comentei com Gabriel que pretendo abrir um comércio de produtos destinados ao setor agropecuário. Gostaria de saber se posso contar com sua aprovação e apoio financeiro, pois as minhas economias não são suficientes para o projeto.

O pai de David ouviu atentamente as propostas do filho, pediu mais detalhes sobre a cidade e o negócio e depois, com a aprovação do advogado, que ouvia maravilhado as ideias de David, acabou percebendo aquilo de que sempre desconfiava: o filho havia herdado o tino comercial do avô e o sucesso era questão de tempo.

No dia seguinte, eles partiram de Orion. Gabriel, o pai e o doutor Raul foram para o Leste, onde apresentariam o rapaz às autoridades da Comarca de Musgravite, à qual pertencia o pequeno povoado de San Bartolomeu.

David, motivado pelo projeto comercial, conseguiu convencer o pai e o irmão de que deveria voltar só para Santa Clara. Assim, adiantaria as coisas por lá e esperaria a visita da família após encaminhada a situação jurídica do irmão.

Doutor Raul indicou a David um advogado de confiança em Santa Clara. Na vida precoce de empreendedor, a orientação jurídica seria de grande utilidade em seus projetos.

SAN BARTOLOMEU

Os procedimentos jurídicos na Comarca de Musgravite ocorreram exatamente como havia previsto o advogado: pagamento de fiança e ordem judicial para que Gabriel não se afastasse de Saint Martin até o julgamento, que demoraria alguns meses.

Foram os piores meses na vida do menino Gabriel. Sem ver Louise, sem poder viajar e longe do irmão, que se encontrava na distante Santa Clara. Mesmo assim não estava arrependido do ato que havia salvado a si e ao seu querido irmão. Enquanto o tempo passava, ajudava o pai na lida com o rebanho e trocava cartas apaixonadas com Louise.

Capítulo XX

O empreendedor

Dessa vez, a viagem para Santa Clara foi agradável. Já não estava fugindo, já não estava sem destino. David conhecia o caminho e estava entusiasmado com a ideia de tornar-se um próspero empresário em Santa Clara.

As viagens para o Oriente e o reencontro com Tina ficariam para um futuro próximo – agora era o momento de aproveitar as oportunidades, tal como fizera vô Joshua na longínqua década em que vivera em Zahedan. Tina saberia esperar. Assim que criasse uma estrutura razoável com seu empreendimento comercial, viajaria para San Bartolomeu ou até a Espanha para buscar sua amada.

O pai confiava em David e não deixaria faltar dinheiro para o negócio, ainda mais agora com a gorda herança que tinham recebido do avô. A mãe vivia feliz, entretida com Fanni nas artes culinárias e cuidando de Dito e Giovanna, ambos sempre interessados pelas prendas de casa. O irmão Gabriel estava em boas mãos e sem dúvida seria inocentado.

Durante a viagem, David resolveu passear um pouco pelos vagões passageiros e, no último banco do último vagão, enxergou uma bela moça, de sua idade mais ou menos, que dormia contorcida entre os bancos.

David resolveu sentar-se no banco ao lado para, quem sabe, fazer companhia a ela, que devia estar viajando sozinha em direção ao oeste.

Após algum tempo vendo a paisagem correndo pelas janelas do vagão, David percebeu que a moça, com cara de preguiça, havia acordado, e apesar de um pouco de hesitação resolveu falar com ela.

— Oi. Tudo bem com você? – David sorriu, meio sem graça, e apresentou-se para a moça.

A moça apresentou-se com pouco entusiasmo. Seu nome era Ada e estava voltando da capital para a sua cidade natal, Santa Clara.

David nunca fora bonito, mas aprendera com o avô a conversar docemente e a entrar no coração das pessoas. Pediu a um dos garçons dois refrigerantes e entregou um a Ada que, surpresa e agradecida, abriu um pequeno sorriso, sem saber que a partir daquele momento aquele rapaz viria a ser parte intensa de sua vida.

Após breves formalidades, David contou para a moça que havia ficado alguns dias em Santa Clara e estava voltando para lá com o objetivo de montar uma loja de produtos agropecuários. Com essa notícia, os olhos de Ada brilharam. Ela, então, contou ao rapaz que acabara de se formar em Ciências Agronômicas na Capital e por isso estava pensando em abrir um escritório de prestação de serviços em Santa Clara.

Dessa forma, eles poderiam se ajudar reciprocamente visto que, embora o foco fosse diferente – comércio e prestação de serviços –, o público-alvo era o mesmo, ou seja, os produtores rurais.

A partir de então a conversa fluiu animada e eles combinaram que no dia seguinte, após o almoço Ada iria até o Santa Clarita para trocarem novas ideias sobre os projetos que tinham em mente.

David logo percebeu que Ada tinha personalidade forte e era uma mulher independente, diferente de sua mãe, da mãe de Tina, de Fanni e de outras mulheres que conhecia um pouco melhor. Ada não era uma mulher deslumbrante, mas agradável, sabia o que queria e poderia ajudar muito com a sua experiência acadêmica no setor agrícola.

A mesma certeza que Gabriel tinha em suas habilidades manuais, David tinha com relação à sua capacidade empresarial. Ele aprendera coisas com o pai e com o avô, e vivenciara situações de comércio que muitos rapazes de sua idade jamais imaginariam. David sabia que seria um grande empreendedor.

Na manhã seguinte, após tomar um bom café no hotel, foi ao escritório do advogado indicado pelo doutor Raul. Precisava de referências na cidade, de assessorias jurídica e contábil, abrir uma conta bancária, alugar uma casa e uma área comercial. Após meia hora de conversa com doutor Narciso, um homem obeso e calvo, com idade entre 55 a 60 anos, David já se sentia em casa.

O homem de fala mansa sabia de tudo, conhecia a todos na cidade e abriu as portas de Santa Clara ao rapaz, inclusive seus contatos políticos. Após o cafezinho oferecido pela secretária, David já ia se despedindo para ir à imobiliária indicada pelo doutor Narciso, quando quase atropelou a moça do trem.

— Desculpe-me... Ada, o que você está fazendo aqui, menina? – indagou David, curioso pelo encontro inusitado.

— O doutor Narciso é meu pai – explicou a amiga. – Vim trazer alguns documentos que ele esqueceu em casa.

— Puxa, que coincidência! – comentou David. O seu pai é o advogado que o doutor Raul, advogado do meu pai, indicou-me aqui em Santa Clara.

— Que legal, David! Espere-me alguns instantes e poderemos caminhar juntos. Posso ajudá-lo aqui na cidade.

Saíram em direção à imobiliária indicada por doutor Narciso. David pretendia alugar uma pequena casa e um ponto comercial para implantar a sua loja. No fundo da casa de Ada existia uma pequena edícula desocupada. Ela propôs a David ficar lá por algum tempo, até se estabilizar. Ada gostara da companhia daquele rapaz sério e obstinado. Decidiram, então, que David alugaria apenas o ponto comercial, de preferência com espaço para o escritório de Ada.

Chegando à imobiliária, aguardaram por algum tempo na antessala. Ali, David conversou com um menino bonito e forte que usava trajes de esportista e luvas de goleiro. David ficaria sabendo que o menino tinha o mesmo nome que ele, com duas diferenças: ele chamava-se Davy, com y no lugar do i e sem o d no final – diferenças sutis, geralmente por escolha das mães. Davy era filho da proprietária. Nesse momento, o rapaz lembrou-se do irmão Expeditum e pensou como gostaria que o irmão fosse um jogador, ainda que fosse goleiro. O irmão, no entanto, gostava de bonecas e de crochê, para sua insatisfação particular.

Logo foram atendidos pela proprietária, uma mulher de aparência e sorriso marcantes, olhos vivos e claros, chamada de Dani – provavelmente, Daniela ou Daniele. Aquela mulher sabia fazer negócios.

A proprietária mostrou ao casal algumas fotografias dos imóveis disponíveis e David gostou de um imóvel grande, com pé direito alto e mezanino. Era localizado no centro, no caminho entre a estação de trem e o hotel. Embora soubesse que seu pai poderia comprar aquele prédio a qualquer momento, David não desejava utilizar avalistas e pretendia pagar um ano de aluguel adiantado, por isso queria preços melhores e a negociação acabou durando alguns dias, até chegarem a um acordo.

Depois da visita à imobiliária, eles foram a um escritório de contabilidade, onde David solicitou ao contador-chefe que fizesse a abertura de uma loja voltada ao comércio de produtos agropecuários.

As coisas andaram rápido naqueles dias. Posteriormente David resolveu também alugar a edícula nos fundos da casa de Ada e o dinheiro seria pago mensalmente para a mãe dela, Antonia, a esposa do doutor Narciso que, a exemplo da própria mãe de David, cuidava da casa e de dois filhos menores. O mais novo, Javier, era portador de Síndrome de *Down* e logo afeiçoou-se a David de maneira emocionante. Foi um caso de amor à primeira vista que duraria para sempre.

O prédio alugado passava por reformas e o pai de David acabou indo para Santa Clara a pedido do filho para verificar o andamento do negócio. Com toda a certeza de que o filho trilhava o caminho da prosperidade, pouco ficou na cidade. Conheceu a família de Ada, ratificou contatos bancários do filho e voltou para a fazenda. "Quando se tem dinheiro tudo fica mais fácil", dizia o doutor Narciso.

A relação de David e Ada era muito boa. Os dois caminhavam juntos no empreendimento comercial de David e no escritório de Ada, e embora solteiros e sem compromissos, não tinham nenhuma intimidade.

David precisava fazer compras para a sua loja. Naquele ano de mil novecentos e setenta, Santa Clara ainda era uma cidade provinciana e o rapaz sabia que comprando à vista na capital, como aprendera com o avô, faria excelentes negócios.

Assim, com o imóvel pronto e reformado, resolveu partir para o outro lado da ilha. Convidou Ada para acompanhá-lo, visto que o irmão Gabriel ainda permaneceria bom tempo em Saint Martin na interminável espera do julgamento. David tinha certo remorso de ser o causador do sofrimento do irmão, mas o tempo passaria rápido.

Chegando à capital dispararam a fazer compras. David sabia negociar, exigiria que as entregas fossem feitas no mesmo dia na estação de cargas da capital e fretaria dois ou três vagões fechados para levarem a mercadoria até Santa Clara. O custo do frete cairia vertiginosamente.

Assim, compraram enxadas, cavadeiras, pás de vários tipos, rastelos, instrumentos para pedreiros, facas, facões, alicates, jogos de chaves, serrotes, martelos, marretas, arames lisos e farpados, parafusos de todos os tipos. Compraram também torradores, peneiras, moinhos, utilidades domésticas, cordas, máquinas para produção de linguiça, fumo de corda, sacaria de estopa, banha industrializada, carne seca, bacalhau e outros materiais do gênero, totalizando mais de duas centenas de itens que foram adquiridos à vista, durante duas semanas, na capital. Esses produtos eram o estoque inicial da loja.

SAN BARTOLOMEU

Hospedaram-se num bom hotel no centro da cidade. Ada estudara lá e conhecia tudo ali muito bem. Reservaram dois quartos de solteiro, e no final dos primeiros dias, após o jantar, os dois, extenuados, seguiam para os seus aposentos.

No final da primeira semana na capital eles foram assistir a uma peça de teatro e depois passaram num barzinho, onde tomaram algo para descontrair. Quando voltaram ao hotel, David percebeu que Ada abraçou-o de forma carinhosa, mas, como de costume, manteve-se cerimonioso e despediu-se da moça após acompanha-la até a porta de seu quarto.

Então tomou um banho revigorante, e quando se preparava para deitar, ouviu algumas batidas suaves na porta. Era Ada, vestida com uma roupa de dormir curta e transparente, por baixo um conjunto de lingerie provocante. A moça, com o cabelo molhado, entrou no quarto, fechou delicadamente a porta, depois abraçou o amigo com carinho e beijou David na boca. Os dois caíram juntos na cama e Ada levou à loucura o hábil comerciante, porém novato amante.

Por volta das 2h, após uma louca noite de amor, Ada deu um beijo suave na testa de David e retirou-se para o seu quarto. Ambos acordaram quase na hora do almoço, num domingo preguiçoso de garoa na capital. Almoçaram juntos e foram ao cinema, porém permaneceram distantes, como se nada tivesse acontecido na noite mágica que haviam tido havia poucas horas.

Na semana seguinte, fizeram novas compras e abriram vários contatos comerciais. David era bom na arte do comércio, mas Ada também possuía grandes habilidades empresariais. Seu jeito maduro e independente e sua formação acadêmica e cultural proporcionavam-lhe segurança para o mundo dos negócios.

Encerrados os trabalhos, eles pegariam o trem que sairia na sexta--feira, às 22h, para Santa Clara. Ada convidou David para beber algo e eles acabaram despedindo-se do hotel em alto estilo. Nova noite de amor. David adorou aquele baby-doll transparente.

Na manhã seguinte, porém, quase como uma ressaca, a paixão por Tina acordou mais latente, apesar de cada vez mais distante. David sabia que a sua felicidade brevemente atravessaria o Oceano Atlântico para virar doutora na capital espanhola. Tina não ia querer se casar com apenas 17 anos e morar com ele na longínqua Santa Clara.

Seria o seu amor impossível?

Capítulo XXI

Solidão

Além do coração machucado pela ausência de Tina, David, que sempre vivera com a família na pequena Saint Martin, também começou a sentir a solidão de forma mais aguda. Uma vez que inauguraria brevemente sua loja, precisaria de funcionários, assim, era hora de unir o útil ao agradável.

O telegrama chegou ao endereço do armazém em Saint Martin:

"Santa Clara, 18/09/1970. Meu querido amigo Lorenzo! Como você sabe, estou prestes a inaugurar o meu comércio de produtos agropecuários. A loja chamar-se-á Saint Martin Agropec. Tenho certeza de que temos tudo para dar certo. Gostaria que você viesse trabalhar comigo. Quero que você estude para ser o meu gerente. Juntos temos tudo para prosperar na vida. Se estiver de acordo converse com Elias, filho do seu Alfeu, para que ele faça um acordo trabalhista com você e venha para cá. Fico na espera. Abraço do seu irmão David".

Nesse mesmo dia, David, admirador fanático do gênero rock and roll e dos conjuntos musicais de língua inglesa, ficou deveras triste. No início da tarde, logo após o almoço, quando coordenava alguns trabalhos de montagem de balcões em sua futura loja, o rádio de um dos marceneiros suspendeu a programação musical e deu a notícia em primeira mão: naquela sexta-feira, por volta de 4h a 5h, num hotel do Bairro Notting Hill, na capital inglesa, morria, aos 27 anos, o lendário guitarrista, cantor e compositor norte-americano Jimi Hendrix.

Nascido no dia vinte e sete de novembro de mil novecentos e quarenta e dois, na cidade de Seattle (EUA), Hendrix era considerado por críticos e músicos como o melhor guitarrista da história do rock e um dos mais importantes e influentes músicos do seu tempo, em diferentes estilos musicais. De acordo com o médico que o atendeu inicialmente, Hendrix tinha se asfixiado em seu próprio vômito, composto principalmente de vinho tinto e remédios para dormir. As causas de sua morte, contudo, seriam alvos de controvérsias por muito tempo.

David lembrou-se do avô chateado com a morte do cantor Nat King Cole e automaticamente recordou-se daquela noite de lua cheia e do primeiro beijo que dera em Tina, ao som da inesquecível canção "Unforgettable".

O ritmo dos trabalhos ficou intenso e as mercadorias foram chegando, despertando curiosidade na vizinhança. Seu Magallanes, proprietário do Santa Clarita, havia ficado amigo de David. Novos comércios significavam mais vendedores na cidade e mais hóspedes para seu hotel.

No domingo, dia quatro de outubro de mil novecentos e setenta, por volta das 22h, David dirigiu-se até a estação ferroviária de Santa Clara para esperar a chegada de seu amigo-irmão Lorenzo, o Jumbo.

Conforme combinado, o sorridente amigo deixou o armazém de seu Alfeu em Saint Martin e estava chegando de forma definitiva para trabalhar com David em Santa Clara.

Enquanto esperava pela chegada do amigo, David assistia a um programa de televisão num dos bares da estação ferroviária. De repente, uma notícia em alto e bom som deixaria o rapaz novamente chateado com o destino de seus cantores preferidos.

Há poucas horas o mundo perdia o talento musical de Janis Joplin, que a exemplo de Hendrix, falecido havia poucos dias, também morreu aos 27 anos. A cantora texana, nascida na cidade de Port Arthur, no auge de sua carreira, parou de respirar na cidade americana de Los Angeles, vítima trágica de uma dose cavalar de heroína.

Em uma quinzena, dois ídolos musicais de David tombaram antes de completarem 30 anos. Como diria o avô Joshua: "Se droga, fosse coisa boa, não teria esse nome".

Com a chegada do amigo Lorenzo em Santa Clara, David sentiu-se revigorado para os novos desafios. A loja foi inaugurada ainda no final daquele ano. Distribuíram panfletos e criaram propagandas nos programas de rádio. Para o evento de inauguração, David contratou palhaços, carrinhos de pipoca, algodão doce, e a loja virou um sucesso.

A "Saint Martin" tinha boa localização, enorme variedade de produtos, bons preços e prazos. Além disso, também oferecia serviços técnicos de agronomia, prestados pela competente doutora Ada. O sucesso do empreendimento seria retumbante.

SAN BARTOLOMEU

Assim, a vida e a empresa foram seguindo firmes. Ada e David não eram namorados, mas de vez em quando, na calada da noite, a moça saía discretamente pela porta da cozinha e fazia uma festa íntima com seu amigo sócio. Ada era diferente, pensava David. À noite enlouquecia-o com suas fantasias, de manhã nem olhava para ele.

David passou a ter uma vida confortável, os negócios iam muito bem. Dona Antonia, mãe de Ada, fazia sua comida e a empregada da casa lavava suas roupas. Ele pagava por esse conforto, é verdade, mas dinheiro não era problema. Além disso, agora também tinha a companhia do velho amigo Lorenzo, que sempre exalou bom humor e alto astral.

Apesar desse bem-estar aparente, o rapaz sentia a necessidade de uma companhia feminina de verdade, alguém para compartilhar de sua intimidade, de seus sonhos, de suas vontades. Ada era deliciosa na cama, mas não gostava dela para casar e sabia que a recíproca era ainda mais verdadeira.

Num momento de reflexão, David abriu e leu a carta escrita pelo avô em seu aniversário de 15 anos: *"O dinheiro deve estar sempre a serviço do homem, jamais o contrário"*.

David percebeu logo no início que apenas os lucros da sua grande loja não lhe trariam felicidade. Apesar de saber que Saint Martin não tinha futuro, ele ressentia-se da antiga rotina de viver com a família e com o excepcional avô.

Família é tudo na vida de uma pessoa e ele havia abandonado a sua e vivia uma estranha relação sustentada pelo sonho de ganhar dinheiro e pelos prazeres sexuais que a sócia lhe proporcionava.

Prometeu a si mesmo que após o julgamento do irmão repensaria alguns valores. Precisava temperar e equilibrar a vida com um pouco de cada coisa, os pensamentos e frases do avô fervilhavam em sua mente: *"David, o segredo de uma existência razoavelmente feliz é temperar a vida com um pouco de cada coisa…"*.

Era hora de parar para pensar!

Capítulo XXII

O julgamento

Conforme previsto pelo doutor Raul na primeira conversa no Hotel Central, o julgamento de Gabriel foi marcado para uma segunda-feira, dia cinco de julho de mil novecentos e setenta e um.

David, na condição de irmão do acusado, dada a sua participação no evento que culminou com a morte do rapaz, também teve que depor perante a autoridade judicial de Musgravite. Assim, no domingo pela manhã, após despedir-se de Ada e de sua família, acertou alguns detalhes com Lorenzo sobre o período que ficaria fora e seguiu para a estação ferroviária de Santa Clara.

Antes de embarcar comprou um exemplar do jornal local e a notícia de primeira página era triste. De acordo com a reportagem, no dia anterior, sábado, por volta de 5h, o cantor e compositor Jim Morrison, vocalista e líder da Banda The Doors, morria na Cidade Luz. O músico americano foi encontrado pela namorada, Pamela, dentro de uma banheira, com os braços apoiados nas laterais, a cabeça para trás e o cabelo molhado. O fato ocorreu em um apartamento na Rue Beautraillis 17 em Paris, onde Morrison morava havia alguns meses.

O médico francês que examinou o corpo decretou que a causa da morte fora ataque cardíaco. James Douglas Morrison também tinha 27 anos e seu corpo foi sepultado no famoso "Cimetière du Père-Lachaise", a poucos quilômetros da Torre Eiffel.

Para se ter uma ideia da imponência do Père-Lachaise, lá juntamente a Jim Morrisson "descansavam", entre outros, os ossos de Marcel Proust, Oscar Wilde, Honoré de Balzac, Eugène Delacroix, Frédéric Chopin, Molière, Sarah Bernhardt, Jean de La Fontaine, Auguste Comte e Édith Piaf, além do extraordinário Allan Kardec.

Mais tarde, as famosas teorias da conspiração defenderiam que Morrison não havia morrido. Uns dizem que ele fingiu sua morte e tornou-se um industrial apegado à filantropia; outros falam que ele recolheu-se em uma ilha deserta; e existe até uma corrente que afirma ter o músico abandonado a carreira para trabalhar como agente da CIA.

Outra hipótese igualmente conspiratória defende a tese de que seria um assassinato planejado pelas próprias autoridades do governo dos Estados Unidos. Jim Morrison foi referido como sendo o número cinco a morrer misteriosamente, tendo sido os quatro primeiros: Robert Johnson, do grupo Mississipi Delta Blues, envenenado; Jimi Hendrix, ingestão de álcool e remédios; Janis Joplin, overdose de drogas; e Brian Jones, instrumentista e um dos fundadores da Banda Rolling Stones, assassinado. Para reforçar tais teorias, percebe-se que todos os cinco morreram de forma mal explicada e aos 27 anos.

Durante o julgamento de Gabriel, os jurados assistiram impassíveis aos depoimentos do irmão David, dos dois capatazes além da história convincente e bem contada na doce voz de Louise. As falas foram todas contundentes e sem nenhuma contradição.

O promotor público local bem que tentou incriminar Gabriel, porém as contradições dos outros dois rapazes que participaram da briga e a apresentação do punhal, encontrado junto ao corpo do falecido, somadas à brilhante atuação do doutor Raul, selaram a absolvição de Gabriel.

Gabriel estava livre, a família estava feliz. David sentiu o espírito leve como uma criança e livre de pecados, mas, por outro lado, a preocupação com a família do rapaz morto começou a latejar em sua cabeça. Sua intuição e sua enorme compaixão sabiam que havia algo mais a se reparar.

A família de Tina realmente havia se mudado para a Espanha. Segundo informações de um vizinho, seu Ramon vendera todos os bens em San Bartolomeu e comprara terras em seu berço natal, o povoado de Jarandilla de La Vera, Província de Cáceres, na região conhecida como Extremadura, oeste da Espanha.

O pai de Tina era conterrâneo de Leon Estevan Ballestero, o Leon que tantos anos trabalhara com o avô Josué e, então, junto à esposa Fanni, cuidava da pousada em Saint Martin.

A espanholinha definitivamente seguira outros rumos na vida. Era melhor David sufocar o amor no peito.

No outro dia pela manhã, a comitiva espalhou-se. Doutor Raul pegou um cheque gordo das mãos do pai de David e de Musgravite partiu para a capital. Gabriel e Louise passariam o final de semana em

Orion. O pai do rapaz percebeu que o casal estava vivendo uma paixão intensa e estava torcendo muito pela união dos dois. David foi com o pai visitar a família. O progresso vinha chegando à região montanhosa de Saint Martin. O governo federal de Caballa trabalhava forte, abrindo uma estrada ligando Musgravite até a cidade natal de sua família.

Agora, apesar de trechos ainda inacabados, um ônibus já fazia uma linha de ida e volta cortando as 30 léguas, que antes consumiam dois, três, quatro dias, em pouco mais de quatro horas.

David aproveitou a novidade e depois de quase um ano matou a saudade da mãe e dos irmãos mais novos. Expeditum estava cada vez mais envolvido com a mãe, a irmã e os bordados de Fanni.

Uma oração demorada no túmulo do avô e aquele nó na garganta. Foi um choro sentido, para depois secar os olhos e vida que segue.

O pai havia comprado uma nova fazenda e Julio Cesar tornara-se o administrador. A centena de bois que David comprara do pai de Tina havia crescido naquele ano e estava quase pronta para o embarque rumo ao abate na capital. Que triste! O homem, tão evoluído, mata e come carne de animais. Esse comércio ficaria por conta do pai. David jurou e cumpriu o juramento de nunca mais vender animais para abate.

Com a abertura da nova estrada, o pai também adquiriu um caminhão com grades para o transporte de gado. Gabriel brevemente iria para Musgravite para fazer os testes e tirar sua carteira de habilitação. Julio queria que o filho se encarregasse dos transportes e o menino Gabriel, que não gostava de rotina, estava bastante animado com a ideia.

No segundo dia nas montanhas de Saint Martin, após o almoço, David despediu-se da família e dos amigos e embarcou no ônibus para Musgravite. Lá pernoitaria e no dia seguinte embarcaria no trem rumo a Santa Clara. Os compromissos esperavam-no. A irmãzinha Giovanna chorou na despedida e Expeditum delicadamente consolou a pequena.

David percebeu que seus parentes estavam felizes. Seu irmão Gabriel havia encontrado aquela fofa da Louise, bonita de corpo, de feição e, sobretudo, de alma. Com certeza, casar-se-iam em breve. Ele, ao contrário, estava longe de preencher o vazio do seu coração. Muita água correria das montanhas e passaria sob a ponte do pequeno riacho na chegada de Saint Martin até que o rapaz encontrasse o tempero que lhe desse a alegria de viver.

CAPÍTULO XXIII

Coisas da vida

David chegou a Santa Clara por volta da meia-noite do dia seguinte. Para não incomodar a família de Ada preferiu instalar-se naquela noite no conhecido Hotel Santa Clarita.

Apesar de bastante cansado, acordou pontualmente às 6h30. Tomou um banho, um bom café e pediu que o recepcionista enviasse as suas despesas para a loja, onde Náhima, sua funcionária, encarregar-se-ia de efetuar o pagamento.

Chegou ao mesmo tempo que os funcionários da loja e ajudou a abrir as portas. Havia ficado alguns dias fora e apesar da enorme competência, da dedicação e da honestidade de Lorenzo, David lembrou-se do ditado do pai na fazenda: "Os olhos do dono é que engordam os bois".

Consultou sua agenda. Teria uma reunião às 10h com o diretor de uma empresa que atuava no comércio de máquinas agrícolas e pretendia passar a ele o direito de representação naquela região da fronteira. Seguramente, a reunião estender-se-ia até o almoço. Os negócios de David cresciam rapidamente.

Eram quase 9h e David estranhou a ausência de Ada na empresa. A amiga era uma pessoa pontual. Todos os dias, no máximo às 8h, ela chegava ao escritório com o frescor de quem acabara de tomar banho.

De súbito viu a sócia vindo da direção do hotel preferido de David. Dessa vez, a moça não tinha cara de quem acabara de sair do banho. O cabelo desgrenhado, os olhos vermelhos e inchados de quem havia dormido mal e, provavelmente, chorado. Essa imagem entristeceu David.

— Ada, o que aconteceu com você, meu bem?

A moça abraçou o amigo, sócio, amante, e desatou um choro incontido. Não conseguia falar. David cedeu seus ombros com carinho e levou a moça para dentro do escritório.

— Meu pai, David!

— Conte-me o que houve – falou o rapaz, antevendo que coisa boa não era.

— Sofreu um infarto por volta da meia-noite. Ele está internado e suas chances de sobreviver são remotas.

Doutor Narciso era obeso, apresentava sinais de hipertensão e tinha os dedos indicador e médio amarelos de tanta nicotina. Era um cigarro atrás do outro. Tinha todos os requisitos para conhecer Deus antes dos 60 anos.

David respirou fundo, lembrou-se do avô e em pensamento teceu várias semelhanças entre doutor Narciso e o velho Josué. Ambos eram cordatos, pândegos e estavam sempre dispostos a ajudar.

— Calma, Ada. Vamos ter fé. Ninguém morre na véspera – comentou David enquanto dava um copo de água e secava as lágrimas da moça com um lenço.

— Vamos para a sua casa – disse ele, e pediu para Lorenzo e Náhima atenderem o pessoal das máquinas agrícolas. O caso era sério.

Ada assentiu. Estava destruída, acordada a noite toda no saguão do hospital. Seus olhos cansados lembravam a fisionomia do pai de David na noite do velório de seu avô.

David deixou Ada em casa, esperou que ela tomasse um banho e acompanhou-a até o quarto. Pelo seu gesto de carinho e intimidade e, principalmente, pelas escapadas noturnas de Ada, sua mãe, Antonia, sabia que entre os dois havia algo mais do que negócios. A moça tomou um remédio para dor de cabeça e dormiu rapidamente.

David tomou um cafezinho, abraçou os dois irmãos de Ada, o mais velho de 15 anos e Javier de 12. Já estava morrendo de pena daqueles garotos à iminência de perder a presença do carinhoso pai. Coisas da vida. Depois, seguiu de táxi até a Santa Casa de Misericórdia de Santa Clara – um enorme hospital, pelo menos vinte vezes maior do que o complexo construído pelo vô Joshua em Saint Martin.

Pediu para falar com o médico do setor de cardiologia. Esperou por volta de uma hora, quando chegou o doutor.

— Doutor, meu nome é David. Sou sócio da filha do doutor Narciso e amigo da família. Estou aqui para saber alguma notícia. Como está o quadro de saúde dele?

— Senhor David, o médico deve cuidar de todos, salvar alguns e levar esperança aos demais. Infelizmente, no caso do doutor Narciso, nós só fizemos a primeira parte. Por volta de 10h15, seu amigo teve uma nova parada respiratória, e dessa vez foi fatal. Era um homem bom, inteligente e fará falta para nossa comunidade.

Então o menino David chorou um pranto doído. Tinha tido uma empatia muito grande com aquele homem. Lembrou-se do dia em que fora morar na edícula da casa do doutor Narciso.

"David, para mim você não precisa pagar aluguel. Fique aí o tempo que desejar".

Ele resolvera pagar o aluguel, pois sabia que aquele dinheiro acabava dando uma autonomia para Dona Antonia, mas o doutor Narciso nem sabia disso.

"David, tudo o que você precisar pode contar comigo. Conheço todo mundo aqui em Santa Clara. Eu que redigi a Lei Orgânica deste Município" – palavras do falecido e já saudoso amigo.

Passados alguns segundos, o rapaz lembrou-se do pragmatismo do pai: "Diante de problemas, temos que enfrentá-los. O que não tem remédio, remediado está…". Então secou os olhos com o lenço úmido das lágrimas de Ada. Entrou em contato com uma das empresas funerárias local, cujo proprietário era cliente de sua loja.

— Escolham um caixão à altura do doutor Narciso. – Sabia que a aparência do caixão era uma coisa fútil, mas vivia dentro de uma sociedade que dava importância às aparências.

Depois foi para o cemitério municipal e verificando que existia um jazigo da família, solicitou a abertura de um dos túmulos, desocupado há anos, e marcou o enterro para as 17h daquele mesmo dia. Àquela hora, o corpo obeso do doutor Narciso já deveria estar ficando roxo-verde-amarelado. Maldita morte!

A notícia chegou rápido à casa de Ada.

David lembrou-se de uma conversa de León com sua mãe, quando a frase dita pelo vizinho ficou gravada em sua mente de menino: *"A notícia boa anda. A notícia ruim 'avoa'"*, bradou o pequeno homem, com ênfase na pronúncia errada.

David abraçou a todos, embora imberbe portou-se como o esteio da casa. Deu o ombro para Ada e guarida para a família toda. Era o homem daquela casa e como homem agiu.

Na hora do enterro, em meio a uma razoável multidão de pessoas, David notou a presença de uma mulher que, embora discreta, aparentava estar mais chateada que Dona Antonia, a própria esposa do falecido. Ao lado dela dois meninos, um de cerca de 15 anos e outro um pouco mais novo. O mais velho era gordinho e tinha a bochecha do doutor Narciso.

Por volta das 17h, alguns discursos. Primeiro falou o presidente da Ordem dos Advogados, depois o prefeito e o padre. Então veio uma salva de palmas e as mãos rudes do coveiro assentaram rápido aquela meia dúzia de tijolos.

David, que fez companhia para o menino Javier o tempo todo, já conhecia essa história. A partir desse dia, o advogado bonachão saía da vida e entrava para a história.

O mundo... O mundo continuaria exatamente do mesmo jeito.

Capítulo XXIV

Mudanças

Dona Antonia, a mãe de Ada, era uma pessoa de fácil relacionamento, mas extremamente frágil, supersticiosa e cheia de manias. Vivia alardeando que morreria brevemente. A frase mais dita por aquela senhora era: "Não sei se estarei viva amanhã". A verdade, entretanto, é que essa frase ainda sairia de sua boca por muitos e muitos anos.

Com a morte do doutor, David notou que Ada ficara mais distante, o olhar mais vago, desencantado. De repente, o rapaz percebeu que estava envolvido demais com a família da sócia e decidiu que deveria mudar-se para outra casa. Certamente, a mudança de endereço já seria um primeiro passo para se desvencilhar dos pesados compromissos que se apresentavam a ele. Antonia, que se afeiçoara àquele rapaz como se fosse seu filho, suplicou:

— Por favor, David, continue mais um pouco conosco. Eu ando muito chateada. A Ada e os meninos gostam de você. Nesse momento precisamos muito de sua companhia.

David cedeu. Aquela família o havia acolhido de forma muito carinhosa. A sua solidariedade naquele momento não era mais do que obrigação. "A ingratidão é filha da soberba" – lembrou-se do velho sheik, citando Miguel de Cervantes.

O segundo passo seria cortar as intimidades com a sócia. David não gostava de Ada, nunca tivera paixão, tampouco amor por ela. O envolvimento era profissional. David queria mesmo era namorar e casar-se com Tina, embora reconhecesse intimamente que Ada lhe proporcionava momentos de intenso prazer. Essa ruptura seria mais fácil agora, visto que Ada não estaria com o mesmo apetite sexual nos próximos dias.

Mas o tempo vai fechando cicatrizes.

Passadas duas semanas, numa sexta-feira à noite, Ada convidou-o para um jantar. David aceitou. A conversa foi muito agradável, os dois jovens tinham uma empatia interessante. Se a morte de doutor Narciso ainda doía (principalmente na alma da moça), também era verdade que a vida continuava para ambos. A sócia estava linda, num vestido preto com decote acentuado.

De repente, Ada levantou-se e dirigiu-se à toalete.

O sistema de som do restaurante tocava uma música do cantor brasileiro Roberto Carlos, "Nossa Canção", lançada no ano de mil novecentos e sessenta e seis:

> *"♫ Olha aqui, preste atenção...*
> *Essa é a nossa canção...*
> *Vou cantá-la seja onde for,*
> *para nunca esquecer o nosso amor, nosso amor... ♪".*

O rapaz queria tanto que essa canção fosse uma verdade entre ele e Ada, mas sabia que "o nosso amor" tinha outra personagem.

Quando voltou, a moça de maquiagem retocada olhou para David com olhar sensual, provocativo. David lembrou-se desse olhar no quarto do hotel na capital. Então Ada sussurrou-lhe com voz suave.

— David, você gostou do meu vestido? Estou usando uma lingerie nova. Gostaria de vê-la? Vamos tomar um vinho no Santa Clarita?

Como um homem em sã consciência, no auge de sua vitalidade e juventude, poderia refutar um convite desses? O jovem amante nem se recordava mais dos problemas e, assim, entregava-se de corpo e cabeça àquelas noites malucas, quase autofágicas. Mas na manhã seguinte era sempre igual: o coração, de ressaca, pululava no peito e reclamava a ausência e a saudade do beijo quente de Carmencita Cristina.

O amor incompleto e incompreendido transformara David, um menino ainda, numa criatura melancólica, triste.

Na semana seguinte foi iniciado o processo de inventário e partilha da herança do pai de Ada.

Doutor Narciso nunca fora uma pessoa materialista e sempre vivera bem. Se não tinha miséria, também não amealhou fortuna. Tinha uma boa casa, um escritório no centro da cidade, dois terrenos recebidos em conta de um cliente havia alguns anos e um pouco de dinheiro no banco. A surpresa na hora do inventário é que a mulher estranha cuja presença no enterro fora percebida por David apresentou-se como beneficiária do morto.

Antes que o caso se arrastasse pelos Tribunais afora e sob os conselhos do "pacificador" David, as partes chegaram a uma avença. A casa e os terrenos ficaram para Antonia, o prédio do escritório ficou para a outra. A pensão, que não era grande coisa, também foi dividida: metade para a família oficial, metade para a família clandestina do doutor.

O próprio promotor de Justiça falou durante o acordo:

— O menino gordinho é a cara do doutor Narciso.

Após a audiência, David confabulou com a mãe de Ada.

— Dona Antonia, não tenha raiva do falecido nem da sua amante. Tudo acontece pela vontade do Universo. Se as crianças nasceram desse relacionamento é porque têm o sopro divino nessa história.

— Você está certo. Até porque o meu marido já está morto e eu, infelizmente, não posso mais lhe dar alguns tapas na cara – respondeu a viúva, ainda não tão convicta do perdão.

A situação da família não era fácil. Dona Antonia sempre trabalhou em casa. Os negócios de Ada, ao contrário da loja de David, ainda eram incipientes. Daqui a pouco o irmão mais velho cursaria uma faculdade.

Tempos de crise financeira avizinhavam-se naquela família. David, que nunca vivenciara esse tipo tão comum de desgosto, resolveu aumentar por vontade própria o aluguel da edícula. Dona Antonia, que já admirava o moço, ficou ainda mais encantada com seu gesto de desprendimento e de grandeza.

Ele, por sua vez, também fez um pequeno salário para o menino Javier, que foi trabalhar em sua loja.

Capítulo XXV

O casamento

Passadas algumas semanas daquela festa na melhor suíte do Santa Clarita Hotel, Ada começou a apresentar sinais de irritabilidade e enjoo até do cheiro de café feito na hora. David lembrou-se de situação igual quando a mãe ficara grávida de Giovanna. Só faltava a confirmação, mas o rapaz já sabia que havia criança a caminho e ele estava definitivamente enrascado.

Imediatamente, pensou no beijo quente da menina bonita de San Bartolomeu. Seu sonho estava destruído. Recordou-se do ataque estúpido que sofrera naquela noite, naquela esquina, naquele povoado de San Bartolomeu. Recordou-se, ainda, da enigmática música "A Whiter Shade of Pale", da banda inglesa Procol Harum, que, exatamente naquele momento, tocava na praça central:

"♪ *Era uma hora tão tardia,*
Que quando a mariposa contou sua história a face dela,
Antes apenas fantasmagórica,
Tornou-se translúcida e pálida como a morte ♫".

E no momento mais lindo, mais mágico de sua existência, quando pretendia guardar o gosto daquele beijo doce para todo o sempre, vieram as agressões, o gosto cruel de seu próprio sangue na boca, o grito. Depois, em fração de segundos, o estampido. E então, seu estimado irmão Gabriel havia explodido os miolos do rapaz bruto e forte que pouco vivera neste planeta. E assim como na música, essa cena ficaria gravada para sempre em sua mente, *"translúcida e pálida como a morte"*.

David foi até o cofre de sua loja. Dentro do cofre estava depositado o baú do avô. Retirou de dentro dele um envelope de papel cru de coloração ocre contendo vários documentos, inclusive as cinco cartas que recebera do avô em seus aniversários de 15 a 19 anos. Retirou uma do pacote, aquela que falava de família:

Saint Martin, 19 de maio de 1967.

David, parabéns e muitas felicidades pelos seus 16 anos.

Segue anexo o comprovante do depósito que fiz de presente para você. Lembre-se que dinheiro não cai do céu, portanto estime.

Na carta do ano passado falei pra você alguns conceitos e experiências sobre coisas materiais, dinheiro, negócios, prosperidade etc.

Hoje vou falar sobre os valores mais nobres na vida de um homem. Trata-se da família, da amizade, dos valores humanos.

A história da humanidade revela que nós somos seres únicos e sós. Nascemos sós, temos a nossa individualidade, nosso destino, e também morreremos sós. Por mais que a gente ame alguém, não somos enterrados junto a essa pessoa quando ela morre. Cada um de nós tem um propósito particular para cumprir nesta breve existência.

Contudo, quando nascemos o Universo nos presenteia com a benção de uma família e de pessoas queridas chamadas de amigos.

E esse relacionamento que nos é dado gratuitamente, quando bem cuidado e bem cultivado, acaba tornando-se a maior riqueza nesta jornada.

Por isso, cultive sua família e seus amigos de verdade. Eles são poucos, mas são a base da nossa paz e da nossa busca pela felicidade.

Procure ser um homem de uma só palavra, cumpra seus compromissos, respeite as mulheres como gostaria que respeitassem a sua mãe. Por isso pense bem antes de se envolver com as pessoas, não confunda sexo com amor. Esse erro, aliás, tem sido motivo de infelicidade de muitos casais nos tempos modernos.

Filhos são para a vida toda. Eles são o compromisso que Deus deixa sob seus cuidados para exercitar o amor incondicional.

Também procure ser sempre ponto de união, de resignação, de compreensão. Aprenda a ouvir as pessoas e coloque-se no lugar delas. Faça esse exercício de reciprocidade sempre que possível. Lembre-se: nós temos dois ouvidos e apenas uma boca, ou seja, devemos ouvir mais e falar menos.

David, eu quero que você seja o pilar, o ponto de pacificação e de união da nossa família. Cuide bem de seus pais, irmãos, esposa, filhos, sobrinhos e, também, de seus amigos.

Os seus amigos Julio Cesar e Lorenzo admiram muito você, têm enorme confiança e prazer em estar perto de ti. Isso não tem dinheiro que pague.

Procure nunca se indispor ou magoar as pessoas à sua volta. Nunca fale de "cabeça quente". As palavras, depois de proferidas, não têm volta.

Meu querido neto, quem fala pouco erra pouco!

Parabéns pra você nesta data querida!

Vô Joshua.

David leu e releu a carta, depois refletiu sobre algumas frases do velho sheik. *"Por isso, pense bem antes de se envolver com as pessoas. Não confunda sexo com amor... Filhos são pra vida toda... Cumpra seus compromissos..."*.

Não havia mais nada a ser feito. Num domingo do mês de setembro de mil e novecentos e setenta e um, durante o almoço na casa de Dona Antonia, a sua filha, enjoada com o cheiro da comida e do vinho doce que a mãe gostava, acabou falando:

— Gente, tenho uma novidade para vocês. Mamãe, você vai ganhar um neto! Santiago e Javier, vocês serão titios. Lorenzo, você vai ganhar um afilhado. E David, você será papai.

Dona Antonia, ainda abalada pelos acontecimentos recentes e num misto de alegria e preocupação, caiu no choro. Santiago, quieto, apenas observava a cena enquanto degustava o almoço. Lorenzo, emocionado, também chorou. Javier, apesar da ingenuidade, levantou-se e foi acariciar a barriga da irmã. David, que já desconfiava do fato, sorriu sem muita empolgação. Essa nova realidade com certeza sepultava a sua história de amor da infância. Adeus, Tina!

— E aí, David? Você está feliz? – perguntou Ada.

— Minha querida, posso dizer que ser pai não era minha prioridade neste momento, mas uma criança é sempre bem-vinda.

— David, casa comigo?

— Claro que eu caso, Ada. Pode marcar a data. Lorenzo e Náhima serão meus padrinhos. Para Javier e Santiago mandarei fazer um terno. Quero que meus cunhados estejam bonitos na foto do casamento.

No final daquele ano, as famílias reuniram-se para assistir ao enlace de dois jovens sem muita convicção do que estavam fazendo. No dia anterior ao casamento, Leon, que viera de Saint Martin para a cerimônia, num momento a sós com David, comentou:

— David, não quero que você fique chateado com o que eu vou lhe dizer, mas eu não estou vendo brilho em seus olhos com esse casamento.

— Nem eu, meu querido amigo. Nem eu – respondeu o absorto rapaz, de forma quase lacônica.

Ada, com o desconforto da gravidez, não fazia a mínima questão de esconder seu desencanto.

Apesar de tudo, o casal ouviu atento e confirmou a grande mentira: "Prometo estar contigo na alegria e na tristeza, na saúde e na doença, na riqueza e na pobreza, amando-te, respeitando-te, e sendo-te fiel em todos os dias de minha vida, até que a morte nos separe".

Durante a cerimônia religiosa, o pianista contratado a pedido de Ada, tocou a música "Bridge over Troubled Water", lançada em vinte e seis de janeiro do ano anterior e que fazia enorme sucesso nas vozes inconfundíveis de Paul Simon e Art Garfunkel – a dupla que, treze anos antes, havia criado o curioso Grupo Tom & Jerry, agora vivia o auge do sucesso no mundo inteiro.

Expeditum, vestido num elegante terno rosa-claro, emocionou-se com o casamento do irmão. Chorou de soluçar e acabou estragando um pouco a sua maquiagem. A mãe Anahide e a irmã Giovanna também se emocionaram.

Javier, o cunhadinho de David, passou boa parte da cerimônia encabulado com o olhar fixo de uma santa do vitral da igreja, que insistia em encará-lo. No final da cerimônia, ao sair da igreja, o menino fez um discreto "joia" para a santinha, que acabou virando sua amiga. Porém no que o menino mais pensava era no momento de cortar o bolo. Afinal de contas, essa era sempre a melhor parte de todas as festas.

Capítulo XXVI

Papai

Se a relação de David e Ada sempre fora precária, com pouco afeto e baseada em encontros sexuais, após o casamento e com a gravidez em curso o casamento dava toda mostras de que não ia prosperar.

Ada vivia enjoada e mal-humorada, parou de trabalhar e ficou uma grávida sem graça, sem beleza e cada dia mais distante do marido. Seu único refúgio era a mãe, Dona Antonia, que já havia percebido o tamanho do erro e da falta de cautela da filha.

Todas as correspondências de Ada sempre vinham no endereço comercial e David levava-as e entregava-as à esposa no final do dia.

Num dia comum do mês de março de mil novecentos e setenta e dois, David recebeu algumas correspondências da esposa em sua mesa de trabalho, mas uma em especial lhe chamou a atenção. O envelope manuscrito em letra impecável tinha como remetente um homem, com endereço na pequena cidade de Belinda, muito próxima à capital. David sempre foi uma pessoa extremamente ética e discreta, mas esse envelope despertou no rapaz recém-casado uma curiosidade mórbida.

Durante quinze dias ele guardou a correspondência no cofre de sua loja e durante todo esse tempo uma voz lhe insistia para abrir o envelope.

No final da tarde de uma sexta-feira, após tomar uma dose de uísque com seu amigo/quase irmão Lorenzo, antes de ir para casa, ele não resistiu. Com todo o cuidado do mundo, abriu o envelope no local da cola para que pudesse ser unido novamente sem levantar qualquer suspeita.

A carta de duas folhas escrita com a mesma letra bonita do envelope era apaixonada. Na parte final da correspondência, o renomado professor-doutor em Ciências do Solo da Faculdade de Ciências Agronômicas da capital – Carlos Andrés Echeverria –, derretia-se de amores:

"Ada, você não deveria ter cometido essa loucura. Você sabe que nascemos um para o outro e que a minha separação era questão de tempo... Era caso de você ter um pouco mais de paciência. Embora não torça para isso, tenho certeza de que esse seu casamento, tal qual o meu não dará certo, e que um dia ainda vamos nos unir. Te amo mais do que tudo. Do seu querido professor Carlos".

David sabia que seu casamento fora uma enrascada, que não amava Ada e que a recíproca era verdadeira, mas essa descoberta repentina de que a futura mãe de seu filho tinha um amor distante, despertou no rapaz uma sensação ruim, um tipo de ciúme com o velho e grande medo dos homens: a traição feminina. Mesmo assim, o rapaz manteve a tranquilidade e o bom senso. Colou novamente a carta, esperou secar, e na semana seguinte entregou-a à esposa.

Passado um mês do episódio, durante um passeio na praça, logo após sair da missa dominical da manhã, como quem não quer nada, David indagou à esposa:

— Ada, você é uma moça bonita, inteligente. Antes de me conhecer, você teve algum namoro ou envolvimento mais sério?

— David, realmente é uma coisa curiosa. Nós nos casamos de forma muito rápida e nunca falamos do nosso passado. Eu posso ter meus defeitos, mas jamais fugirei da verdade. Durante a faculdade eu vivi uma grande paixão, que se transformou em amor impossível. O meu ex-namorado era um professor da faculdade, quinze anos mais velho do que eu e casado. No ano passado, quando eu terminei a faculdade, acabamos o relacionamento. Era muito sofrimento para ambas as partes. Esses dias ele me enviou uma carta e quero que você leia, David. Jamais irei enganá-lo.

David ouviu a declaração de Ada e acabou ficando emocionado com a sinceridade da esposa, porém decepcionado com o fato de que, apesar de toda aquela confissão de verdade, ela não cobrara nenhuma explicação das aventuras amorosas do marido. Ada era fria, distante. Parecia que nem a gravidez havia sensibilizado o coração de sua mulher.

Que casamento errado! Que loucura! Se tivesse ouvido o avô com atenção, provavelmente não teria embarcado nessa aventura sem volta.

Numa terça-feira, vinte de junho de mil novecentos e setenta e dois, por volta das 18h, David, como fazia cotidianamente, abriu seu jornal e leu na contracapa uma reportagem do domingo anterior que fora publicada por um grande jornal americano. A reportagem noticiava que no dia anterior, cinco colaboradores da campanha de reeleição do presidente americano Nixon haviam sido presos no edifício Watergate, em Washington, por terem sido flagrados instalando equipamentos de espionagem e fotografando documentos justamente na sede do Partido Democrata.

Esse foi o estopim de um dos escândalos mais rumorosos da política americana em todos os tempos. Os jornalistas Bob Woodward e Carl Bernstein, do *Washington Post*, com o apoio decisivo do editor-chefe Bem Bradlee, investigavam o caso e começaram a perceber ligações entre o caso Watergate e a Casa Branca. Em pouco tempo, os dois competentes jornalistas descobriram que um dos homens presos tinha seu nome na folha de pagamento do comitê que trabalhava na reeleição do presidente.

Descobriram, ainda, que um segundo detido havia recebido um depósito de 25 mil dólares para pagamento dos serviços de espionagem dos adversários. A campanha republicana não declarou os valores gastos na empreitada ilegal e o escândalo tornou-se insuportável. Na noite de quinta-feira, oito de agosto de mil novecentos e setenta e quatro – dois anos após o início do caso Watergate –, o advogado californiano Richard Milhous Nixon tornou-se o primeiro e único chefe do Poder Executivo norte americano a renunciar à presidência. No dia seguinte, o vice-presidente Gerald Ford assumiria o cargo máximo da mais importante nação do planeta.

O rumoroso escândalo político viraria tema do filme "Todos os homens do presidente", tendo como protagonistas os talentosos atores Charles Robert Redford e Dustin Lee Hoffman, representando, respectivamente, Bob Woodward e Carl Bernstein. A obra, dirigida pelo diretor, roteirista e produtor nova-iorquino Alan J. Pakula, lançado em mil novecentos e setenta e seis, levaria para casa quatro estatuetas do maior prêmio do cinema mundial.

Logo após a leitura da reportagem jornalística, o telefone tocou na mesa de David. A gestação de Ada estava chegando ao fim. As dores do parto estavam cada vez mais insuportáveis e Dona Antonia solicitou ao genro que fosse urgente para casa.

Por volta das 20h, o mesmo hospital que recebeu o doutor Narciso no leito de morte, agora via nascer seus dois primeiros netos.

Dois! Exatamente!

Em menos de três minutos, os gêmeos Yerevan e Zahedan vieram ao mundo.

Dona Antonia dormiu com a filha no hospital. David, seus dois cunhados, Lorenzo e a funcionária Náhima, foram jantar para comemorar com o novo papai.

Se David já tinha um carinho todo especial pelos irmãos mais novos, Dito e Giovanna – além do cunhado Javier –, agora a emoção era mais densa, mais profunda.

Aquelas duas crianças eram seus filhos e filhos, como, diria o avô, são para a vida toda.

Capítulo XXVII

Adiós Casablanca

No início do mês de setembro de mil novecentos e setenta e dois, Gabriel e a namorada Louise foram até Santa Clara. A visita ao irmão tinha o objetivo óbvio de conhecer os gêmeos.

Após o desembarque, no caminho rumo à loja do irmão, passando em frente ao Hotel Santa Clarita, o rapaz notou a presença inconfundível de seu Nagib ao lado de uma bela morena e dois rapazes fortes, que pareciam seguranças do velho.

— Olá, seu Nagib. Como vai? Lembra-se de mim? Jogamos cartas no hotel, em Órion, há uns dois anos...

— Claro, menino. Como iria me esquecer de um jogador tão talentoso. Você sabe que me deu um grande prejuízo, né?

— Jogo é sorte, seu Nagib. Tem dia que as coisas dão certo, tem dia que não.

— Mas você tem um talento extraordinário. Aliás, gostaria de ter uma conversa com você. Por favor, venha até o hotel hoje à noite para uma partida de pôquer.

Embora curioso, Gabriel sorriu de maneira discreta e enigmática, como de costume. A linda acompanhante de seu Nagib não conseguiu esconder sua admiração por aquele rosto lindo, emoldurado por um sorriso *blasé*. Por sorte, nesse momento, Louise, com olhares de outra cobiça feminina, mirava a vitrine de uma grande loja.

David e Lorenzo ficaram demasiadamente felizes com a visita do casal e logo marcaram uma festa para aquela noite. Lorenzo estava tornando-se um grande churrasqueiro e o vinho tinto português era a especialidade de David. A conversa e o pôquer com o velho Nagib ficariam para depois.

No dia seguinte, cinco de setembro de mil novecentos e setenta e dois, numa quarta-feira, o mundo amargou um dia de tristeza imensurável. Justamente na madrugada daquela terça-feira, a cidade alemã de Munique, sede das Olimpíadas, foi palco de uma brutal ação do terror.

Oito palestinos da organização terrorista Setembro Negro, supostamente ligada à OLP (Organização para a Libertação da Palestina), invadiram a Vila Olímpica, mataram dois membros da equipe de Israel e fizeram outros nove reféns. Após um dia frenético de uma atrapalhada negociação, o episódio terminou em tragédia, com 17 mortos, sendo cinco treinadores e seis atletas membros da delegação israelense, um policial alemão e cinco terroristas.

Os jogos olímpicos continuaram normalmente após breve paralisação. Nenhum acontecimento, por mais funesto que seja, pode parar a rotina do planeta. Louise estava cansada e ficou na casa de David, na companhia de Ada. Gabriel foi até o hotel para visitar o velho turco, movido metade pela curiosidade da conversa, metade pela vontade de testar a sorte.

— Gabriel, esperei você ontem para jogarmos, mas você não veio. Infelizmente, hoje tenho outro compromisso. Entretanto a nossa conversa é bastante rápida. O assunto é o seguinte: na semana que vem vou embarcar num cruzeiro pelo Atlântico. O navio possui um grande cassino e eu gostaria que você fosse comigo para jogar. Eu pago todas as suas despesas. Além disso, em caso de perdas nos jogos, eu assumo o prejuízo e ainda lhe dou 10% do que você ganhar. Os olhos do menino brilharam.

Em poucos dias, Louise voltou para Órion e Gabriel seguiu para curtir o mar azul do Caribe.

Exatamente no sábado, dia quinze de setembro, o suntuoso navio *França C*, com capacidade para 377 passageiros, ancorou imponente no Porto La Mirada. Juntos embarcaram seu Nagib, Medeia – a morena de olhos verdes –, os dois "guarda-roupas" Kalid e Kaleb – ambos de semblante fechado, ambos taciturnos –, além de Gabriel, que também não falava muito.

O menino ficou impressionado com o prestígio de seu Nagib, pois parecia que toda a tripulação conhecia e reverenciava o velho.

A viagem estava ótima. Após um primeiro dia um tanto enjoado, Gabriel, jovem forte, logo adaptou-se ao balanço do mar. Os jogos também seguiam uma maré altamente positiva. Gabriel ganhava muito mais do que perdia e seu Nagib via aumentar seus lucros.

Tudo transcorria muito bem na viagem. Mas ocorre que a companheira de seu Nagib, a linda e sensual morena com nome de feiticeira, resolveu querer para si o menino bonito, no que foi prontamente atendida.

Numa das noites quentes no salão de baile do navio, um passageiro, famoso cantor madrileno, que mais tarde tornar-se-ia um dos maiores tenores do mundo, foi convidado a dar uma pequena exibição de seu enorme talento musical.

Depois de algum aquecimento na voz, alguém na plateia pediu para que ele cantasse *"La Malagueña"* – também conhecida por *"Malagueña Salerosa"*. A canção mexicana, no melhor estilo huapango, lançada no ano de mil novecentos e quarenta e sete, com autoria atribuída aos compositores Elpidio Ramirez e Pedro Galindo, desde sempre caiu no agrado dos latinos.

Imediatamente ao começar a música, a morena Medeia, sentada em companhia do namorado Nagib e os demais rapazes, olhou de forma sensual para Gabriel e pediu autorização ao velho.

— Nagib, eu posso convidar o Gabriel para dançar?

Irritado e contrariado por não saber dançar, o velho acabou concordando, mediante um discreto gesto afirmativo com a cabeça. Aquele rapaz forte e bonito, dançando com aquela morena de corpo escultural realçado por um justíssimo e decotado vestido vermelho, doeu no coração de Nagib.

Depois disso vieram alguns beijos furtivos nos corredores do navio, e numa tarde preguiçosa, o velho Nagib despachou a moça para a piscina do navio e ficou descansando no quarto com ar condicionado.

A moça com trajes de banho mergulhou algumas vezes, depois correu discretamente e deu duas batidas na porta da suíte de Gabriel. O rapaz, vestindo apenas uma bermuda, olhou pelo olho mágico e não acreditou no que viu. Abriu a porta do quarto sorrindo, abraçou, beijou e arrastou a moça para a cama.

Ninguém viu a cena. Ninguém exceto Kaleb, que à mando do velho seguira todos os passos da traidora.

No dia seguinte, Gabriel encontrou um pedaço de papel com um bilhete sob a porta de seu quarto.

"Gabriel, cuidado! O velho descobriu tudo. Fui espancada com violência. Ele disse que irá me expulsar da viagem e que você também não sairá impune deste navio".

No final da tarde, o navio aportou no porto de Casablanca, a maior cidade do Marrocos.

— Gabriel, você poderia, por favor, acompanhar os meus sobrinhos Kalid e Kaleb até a casa de um amigo aqui em Casablanca? Temos uma encomenda para retirar na casa dele e gostaria que você os ajudasse. O meu amigo estará na casa após as 22h.

O menino, que recebera aquele bilhete, entrou em pânico. Ele pensou: "Esses dois vão me levar para algum canto escuro e, com certeza, vão me matar. Por outro lado, se essa realmente é a intenção de seu Nagib, ficar no navio também será perigoso. Nessas suítes apertadas, à noite esses dois malucos podem vir e me sufocar até a morte. Depois, de madrugada "desovam" o meu corpo em alto-mar".

Decididamente, era melhor pisar na terra firme de Casablanca e lutar com aqueles gigantes do que virar comida de camarão após ser sufocado por um saco plástico.

Gabriel assentiu, ficando certo de que iriam a pé até a casa do amigo de seu Nagib. Amigo nada, aquilo provavelmente não passava de história. Gabriel precisava evitar locais ermos e mal iluminados. Ele jantou mais cedo, por volta das 19h15. Alimentou-se de forma leve e tomou bastante água. Depois das 21h teria que estar forte e leve caso precisasse correr.

Aqueles dois capangas malditos não deviam ser sobrinhos de seu Nagib. Eram leões de chácara daquele velho bandido salafrário. Os caras corriam e faziam ginástica todo dia no navio, mas Gabriel confiava na sua intuição, na sua juventude, e sabia, sobretudo, que se casaria com aquela fofa da Louise. Assim, tinha certeza de que não morreria naquelas terras de Ali Babá.

Por volta de 21h10, o velho Nagib falou em inglês com o capitão do navio e conforme combinado anteriormente, solicitou autorização para que os três rapazes fossem buscar a encomenda.

Gabriel, que estava de bermuda e sandálias, pediu alguns instantes. Desceu para sua suíte, vestiu uma calça de sarja, que lhe dava certa mobilidade, e calçou um par de tênis, que também proporcionava mais segurança e estabilidade em caso de corrida. Pegou uma pequena mochila e dentro dela colocou sua carteira com todos os documentos e os 26.870 dólares – sendo 2 mil dólares que havia levado e mais 24.870 dólares, que representavam os 10% que o velho lhe dera. Quer dizer então que ganhara no cassino do navio algo em torno de 250 mil dólares para aquele turco safado.

Levou também na cintura um punhal, cuja bainha de couro fora confeccionada pelas hábeis mãos de seu avô, com o talento do artesão que era. Por fim, amarrou na cintura uma blusa de lã. Embora estivesse uma noite agradável e Casablanca fosse uma cidade litorânea, ele havia estudado que regiões próximas a desertos podem apresentar enorme amplitude térmica. Além disso, estava torcendo para que pudesse, ainda que dormindo na rua, acordar vivo no dia seguinte.

No momento em que saíam do navio, Gabriel olhou disfarçadamente em direção a Medeia, que lhe fez um discreto sinal, como quem ceifa o próprio pescoço com as mãos. Essa foi a confirmação final, os guarda-costas iriam matá-lo. Entretanto ele estava pronto para lutar. Como dizia um senhor que frequentava a venda do seu avô, "não tá morto quem peleja".

Eles saíram do porto e caminharam pela Boulevard Félix Houphouët-Boigny em direção a Boulevard Hassan I. Kaleb, o mais moreno e forte, seguia na frente. O rapaz tinha todos os requisitos físicos para ser um guerreiro sarraceno, quase indestrutível. Gabriel, encurralado e desconfiado, caminhava logo atrás. No fim da fila vinha Kalid, mais claro e menos corpulento do que o outro, mas também forte como um touro.

Após um bom trecho de caminhada, eles cruzaram a Boulevard de Paris, mais adiante viraram a segunda rua à esquerda e a primeira à direita, chegando até a Rue Du Parc. A essa altura, os capangas falavam em árabe. A emboscada era iminente.

Chegando à esquina da Rue Du Veyre, Gabriel, percebendo que chegara a hora de fugir, comunicou a Kalid que precisava ir ao banheiro. Os três rapazes instintivamente pararam a caminhada para tomar fôlego. Kaleb comunicou a Gabriel que já estavam chegando ao destino e logo ele resolveria suas necessidades.

Antes que retomassem a caminhada, Kalid abaixou-se para amarrar o sapato, enquanto Kaleb distraidamente contemplava a fachada da Ecole Superieure des Beauxs Arts. A intuição de Gabriel jamais o traíra, essa era a hora. Precisava desferir algum golpe que deixasse o rapaz mais esguio fora de combate. O outro, mais pesado, não seria páreo em caso de corrida.

Numa fração de segundos, o irmão de David aproximou-se e com a sola do pé acertou em cheio o rosto de Kalid, que caiu desmaiado, desorientado pelo coice, o nariz jorrando sangue.

Gabriel tentou correr, mas Kaleb, apesar do corpanzil pesado, atirou-se ao chão como um gato e conseguiu segurá-lo pelo pé. Gabriel sabia que tinha apenas uma chance antes que o outro rapaz recobrasse os sentidos. Tirou o punhal da bainha e atirou-se sobre o gigante deitado.

SAN BARTOLOMEU

Antes de espatifar-se, cravou a arma com todas as forças na coxa do mouro, que vociferou um palavrão, soltando imediatamente a perna do oponente.

Agora Gabriel tinha convicção que só dependia dele. Saiu correndo desesperadamente pela Rue Du Veyre, rezando para que não fosse um beco sem saída. Por sorte não era. Então ele virou à esquerda e logo chegou à Boulevard Rachidi – dessa feita, dirigiu-se à direita – deixando para trás a imponente escola de belas-artes e os dois algozes ensanguentados.

O coração batia a mil. Mais cem metros de corrida e passou em frente à Catedral do Sagrado Coração. Como era bonita aquela cidade! Quebrou mais uma vez à esquerda na Rue D'Alger, passando em frente ao Consulado espanhol. Pensou em seu avô paterno, nascido na Espanha, e aventou a hipótese de pedir ajuda. Mas lembrou-se do outro avô, o materno, que sempre alertava que "em terra estranha não se tem amigos".

Olhou para trás e para seu alívio não avistou os dois capangas. Provavelmente, Kalid recobrara os sentidos, mas estava ajudando o companheiro, que havia sido ferido com gravidade na coxa esquerda.

Dali para frente diminuiu a carreira, pois não queria levantar suspeitas. Foi caminhando rápido e aproximou-se de alguns táxis, na região próxima ao Centro Cultural Instituto Cervantes. Retirou um pacote de dólares da carteira, separou 20 notas de cem e apresentou o pacote para os taxistas ao mesmo tempo em que falou em alto e bom som a palavra "Gibraltar".

Vendo aquele pacote de dólares americanos, os taxistas marroquinos entraram em frisson e começaram a discutir sobre quem levaria o rapaz para a Espanha. Gabriel, apressado e ligeiramente irritado com a indefinição, lembrou-se de novo do avô, que dizia: "Confie sempre nos homens mais velhos". Então apontou para o mais baixo e grisalho, que aparentava pouco mais de 50 anos, e falou de modo firme:

— Você. Quero que você me leve.

Diante da postura imperativa do rapaz não houve mais discussão. O homem baixote e narigudo sorriu com dentes amarelados, dirigiu-se até o veículo e abriu a porta para o passageiro. Antes de entrar no veículo, Gabriel sacou mais quatro notas de cem dólares e entregou duzentos para cada um dos taxistas que ficaram. No final, todo mundo ficou feliz.

Os 340 quilômetros que separam Casablanca de Tânger, onde Gabriel embarcaria para atravessar o Estreito de Gibraltar com destino à

Espanha, demoraram em torno de oito horas para serem vencidos, sendo seis delas em movimento e duas em paragens para descanso.

Durante a viagem, a adrenalina do rapaz foi baixando e ele conseguiu tirar alguns cochilos. O taxista, seu Faruk, seguiu a viagem toda ouvindo música – o toca-fitas do veículo parecia que já sabia a receita melódica e romântica que alternava Frank Sinatra, Julio Iglesias, Tony Bennett e vários cantores franceses, com destaque para a bela Françoise Hardy.

Chegando a Tânger, seu Faruk estacionou o veículo próximo ao porto onde diariamente navegam os ferryboats, no sentido de Tânger para Tarifa, na Espanha, e vice-versa. Naquele dia, devido ao mau tempo e às tempestades que assolavam o Atlântico, a navegação estava interrompida. Gabriel sentiu um gelo na barriga, precisava urgentemente sair daquele país.

Seu Faruk foi providencial. Conversou em francês com um funcionário do porto e sorrindo olhou para Gabriel, informando que seguiriam mais um pouco de carro. O destino era a cidade de Ceuta, que embora localizada no continente africano, pertencia à Espanha. De lá também saíam balsas com destino à cidade de Algecira, localizada na Província de Cádiz, no extremo meridional do território espanhol.

Por volta das 10h, Gabriel, são e salvo, desceu no porto de Ceuta, escreveu seu nome e endereço num pedaço de papel, entregou o papel a Faruk, deu-lhe um abraço forte, quase de agradecimento, e chorou emocionado. Aquela noite fora pesada demais para um cavaleiro caipira das montanhas de Saint Martin.

Gabriel teve sorte. Mal chegou ao porto e já havia uma barcaça saindo em direção à Espanha. Apresentou seus documentos e embarcou rumo ao país de seu avô paterno, Nestor Fuentes Larrosa, que falecera antes do nascimento dos netos.

Durante a viagem, que duraria pouco mais de uma hora para vencer os 15 quilômetros de balanço do Mar Mediterrâneo, Gabriel, menos estressado, apreciou a paisagem daquele local de tantas histórias, de tantas passagens, de tantas guerras.

Olhando os paredões rochosos que ficavam para trás no continente africano, lembrou-se do professor de História falando sobre a Mitologia grega e as 12 tarefas de Hércules. Uma das tarefas era levar ao Rei Euristeus, encarregado do Oráculo de Delfos, os bois de Gerião, monstro de três cabeças que vivia no além-mundo conhecido de então, nas proximidades de onde hoje localiza-se Cádiz. Depois de uma longa viagem, Hércules

SAN BARTOLOMEU

chega à fronteira da Argélia com a Europa onde, segundo a lenda, com a força de seus próprios ombros, abriu uma passagem no meio da montanha, ligando o Mar Mediterrâneo ao Oceano Pacífico, dando origem ao Estreito de Gibraltar. Para conseguir os bois, Hércules ainda teve de matar o gigante Eurítion e seu cão de duas cabeças.

Hércules certamente não fugiria dos irmãos Kaleb e Kalid, pensou o rapaz com nome de anjo.

Em Algecira, Gabriel almoçou num restaurante próximo ao Porto. Depois, sorrindo, apresentou sua carteira com documentos numa unidade aduaneira da Espanha e informou que estava em viagem de turismo. Iria de ônibus até Mérida e, então, embarcaria em nova viagem com destino a Lisboa. De lá, mais uma viagem de navio, dessa vez para a capital de sua ilha. Dentro da carteira, além dos documentos havia duzentos dólares, que obviamente seriam "retidos" pelo funcionário da inspeção. Como diria o avô Joshua, "todo mundo gosta de sorriso e de dinheiro".

O navio "França C", apesar de elegante e simpático, teve vida curta na área de lazer. Naquela mesma década de 70, saiu da rota dos cruzeiros e foi transformado em navio missionário evangélico, passando a funcionar como biblioteca flutuante.

A embarcação, construída pela empresa Newport News Shipbuilding, do estado de Virgínia (EUA), foi ao mar em vinte e dois de agosto de mil, novecentos e catorze, com o nome de "SS Medina". Depois virou "SS Roma" e, posteriormente, foi rebatizado como "França C", tendo como derradeiro nome "MV Doulos Phos". No idioma grego, "Doulos" significa "aquele que serve". O navio serviu por muito tempo e foi aposentado com quase cem anos, sendo até hoje o recordista mundial em tempo de navegação.

Gabriel, que embora não fosse santo, também usufruiu dos confortos, das jogatinas e das diversões mundanas naquele navio, que tão bem lhe serviu.

Medeia, a morena com nome de feiticeira e beleza de fada, desembarcou do "França C" em algum ponto do Oceano Atlântico. Se o desembarque foi voluntário ou involuntário, esse mistério somente Deus, seu Nagib e os dois capangas é que sabem.

Capítulo XXVIII

O pássaro morreu com o verão

    Gabriel retornou para seu torrão natal amadurecido e chocado. O avô Josué sempre dizia que o mundo era cruel, mas ele, menino criado na aldeia, embora nem sempre desse ouvidos aos conselhos do velho, dessa vez sentira na pele as consequências de sua ousadia.

Tão logo desembarcou no Porto Ibéria, foi para a capital e de lá seguiu no primeiro trem rumo à casa da namorada. A bobagem que fizera ao envolver-se com a acompanhante de seu Nagib, o susto que passara e a saudade da namorada apertaram seu coração.

Assim que desceu na estação de Órion e viu os lindos e apaixonados olhos de Louise, o rapaz abraçou e beijou ternamente a menina. Depois, chorando, abriu seu coração.

— Louise, casa comigo?

A moça bonita abraçou e beijou novamente o namorado. Gabriel, ao contrário do irmão, encontrara muito cedo a sua cara metade.

Dos fatos ocorridos no navio, Louise tomou conhecimento apenas do imenso pacote de dinheiro trazido pelo namorado. A história verdadeira, com todos os detalhes, apenas David ficaria sabendo mais tarde.

Com o novo casamento na família, David logo traria para perto de si o querido irmão e sua adorável esposa.

Numa tarde fria, em meados de dezembro de mil novecentos e setenta e dois, o mundo acompanhava o desfecho de um terrível acidente aéreo ocorrido na Cordilheira dos Andes e David, como de costume, religiosamente lia seu jornal, e ficou pasmo com a história.

Dois meses antes, em treze de outubro, a equipe uruguaia de rugby Old Christians viajara da capital uruguaia até Santiago, onde disputaria uma partida contra uma equipe chilena.

Uma série sucessiva de erros no voo 571 provocou a queda do turboélice Fairchild FH-7827D da Força Aérea Uruguaia, quando a aeronave sobrevoava a remota fronteira montanhosa entre Argentina e Chile. Das 45 pessoas a bordo, 29 morreram. Seria mais um acidente aéreo como tantos outros, mas um fato ocorrido com os 16 sobreviventes chocou a opinião pública mundial.

Durante sessenta e nove dias perdidos em um vale gelado, conhecido ironicamente como "Glaciar de Las Lágrimas", os jovens, em sua maioria da classe média alta de Montevidéu, precisaram de medidas extremas para sobreviver.

A água era obtida derretendo-se a neve. Com relação à comida, o assunto ficou mais sério. Diante do desespero, restou alimentar-se da carne dos mortos, mantida congelada sob a neve. A história de canibalismo acabou virando tema de um filme, estrelado pelos atores norte-americanos Ethan Hawke e Vincent Spano.

Quando terminou a leitura da reportagem, o empresário, visivelmente emocionado, recebeu a visita de Dani, corretora de imóveis – aquela mesma com quem negociara o aluguel do prédio quando abriu seu primeiro empreendimento.

— Olá, senhor David. Tudo bem? O senhor Magallañes, proprietário do Hotel Santa Clarita, me procurou. Ele me passou uma procuração para vender o hotel completo, com prédio e todos os móveis e equipamentos. Passou-me pela cabeça que o senhor poderia se interessar pelo negócio.

O Santa Clarita Hotel era uma referência na cidade e em toda a região. Sempre hospedava as pessoas mais nobres ou famosas que passavam por ali. Cantores, artistas de teatro, políticos, convenções, participantes de eventos esportivos, todos acabavam pernoitando no grande prédio de fachada branca com detalhes em azul. A decoração bicolor saltava aos olhos desde a fachada, os pratos, as canecas, as roupas de cama, todos brancos com detalhes na cor do céu.

David sabia que aquele era um bom negócio. Além do mais, fora naquele prédio, no terceiro andar, na suíte número 36, que engravidara a sua esposa e mãe dos seus lindos filhos gêmeos, Yerevan e Zahedan. Ele tinha convicção de que o Santa Clarita, sob sua administração, tornar-se-ia uma potência. A cidade continuava crescendo e a sua localização, próxima às estações ferroviária e rodoviária, era, com certeza, garantia de retorno. David aprendera com o avô, com Fanni e também com León a como agradar as pessoas e fazê-las sentirem-se em casa, na velha pousada de Saint Martin. Pensou, ainda, que poderia trazer a cunhada Louise e o irmão Gabriel para trabalharem naquela magnífica hospedaria.

Contudo, também lembrou-se do avô dizendo: "Nunca mostre interesse demasiado por algum negócio". Fez um ar de menosprezo e respondeu de forma evasiva.

— Olha, Dani. Peço desculpas, mas hotelaria não é a minha praia. Além disso, não tenho recursos suficientes para um investimento desse porte.

A corretora era experiente e sabia quando o oponente estava blefando. Sorveu um último gole do café, depositou a xícara com o logotipo *"Saint Martin Agropec"* na mesa, e respondeu calmamente:

— Perfeitamente, senhor David. Peço desculpas por importuná-lo, mas esse é o meu trabalho. Em todo caso, agradeço pela recepção e pelo café. Em tempo, por favor, fique com meu cartão.

David irritou-se com a pressa e o desdém da corretora. A moça era dura na queda, pensou. E quando ela já ia se levantando da cadeira, David, nitidamente de mau humor, retrucou:

— Dani, confesso a você que a ideia de comprar o Santa Clarita não me soa ruim, porém preciso entrar em contato com minha família para apresentar essa proposta a eles. Estou tentando convencer meus pais a venderem os imóveis de Saint Martin para investir aqui em Santa Clara. Você seguraria essa prioridade para mim até o final do mês? De repente, o meu pai pode vender as terras lá e comprar propriedades aqui. Você poderia ser a nossa corretora em todos os negócios.

Percebendo o interesse do rapaz, a moça deu o xeque-mate:

— David, hoje é segunda-feira. No próximo sábado provavelmente receberei um investidor da capital aqui para ver o hotel. Posso segurar o negócio até sexta-feira, está bem?

David lembrou-se do avô: "Seja simples, sincero, mas esteja sempre na liderança do negócio. Não se deixe manipular".

— Então senhora Dani, por favor, fique à vontade para vender o hotel ao investidor da capital. Boa sorte para você.

A corretora pensou em todas as possibilidades que poderia estar abdicando ao abrir mão dos negócios com o jovem empresário. Rapidamente mudou de ideia, sorriu e inverteu o jogo.

— De maneira alguma, David. Eu tenho que ser justa. Você me oferece a possibilidade de outros negócios e seria no mínimo deselegante da minha parte não conceder o tempo solicitado. Você tem até o final do mês para me responder. Fico também à disposição para viajar até Saint Martin e conversar com seus pais se assim achar conveniente.

Ela sabia que o negócio já estava feito. Colocou o cartão sobre a mesa, agradeceu mais uma vez e sorriu discretamente. Levantou-se, parou por uma fração de segundos em frente a um espelho decorativo, contemplou rapidamente sua própria imagem e foi embora. O negócio ficaria para o ano novo.

Que moça dura na queda, que cara ruim de negócio...

Na segunda semana de janeiro de mil novecentos e setenta e três, David recebeu novamente a visita da corretora – dessa vez acompanhada do proprietário do hotel, o senhor Fernando Parrado de Magallañes.

— Senhor David, já passei dos 70 anos, trabalhei demais nesta vida. Quero viver meus últimos anos em Paris, enquanto você trabalha para me pagar.

— Então me convença, senhor Magallañes.

— Do valor pedido eu não retiro um centavo, mas divido o pagamento. A Dani faz um contrato, o senhor me paga 20% do montante até o final do mês e se acerta com a comissão dela. Os outros 80%, a gente converte em dólar e você me paga uma parcela de 10% ao ano, que começa a vencer em janeiro do ano que vem. Se por acaso eu durar mais de oito anos e ficar pobre, venho morar de graça no seu hotel pelo resto da vida. De acordo? Em tempo, todos os funcionários ficam por sua conta.

O negócio estava fechado. David rapidamente vendeu o prédio do armazém em Saint Martin para seu Alfeu, vendeu todos os seus bois para o próprio pai, emprestou mais uma parte da mãe que ficara com a herança do avô, pagou a primeira parcela e sacramentou o negócio.

Louise e Gabriel mudaram-se para Santa Clara. Em pouco tempo, a moça, experiente no ramo de hospedagem, já se sentia à vontade no comando das camareiras de trajes alvicelestes.

O senhor Magallañes, com muito dinheiro no bolso, a partir de então passaria a viver bem o seu resto de vida. Viver bem sim, porém não muito. No final do semestre, após todos os acertos e antes de mudar-se para a Cidade Luz, resolveu fazer uma viagem até o Brasil, onde vivera alguns anos na década de 50, trabalhando com comércio de gado.

E assim o fez. Após desembarcar na cidade de São Paulo, dirigiu-se até o interior do estado onde, na pequena cidade de Cerqueira César, ficaria por duas semanas, em visita a vários amigos, entre eles o querido ex-prefeito.

Magallañes guardara com carinho o convite que recebera de Jad Simon para a inauguração do Fórum na cidade. O evento ocorreu na data solene de doze de setembro de mil novecentos e sessenta e cinco. Agora era o momento de justificar sua ausência em tão importante acontecimento.

Queria ainda reviver algumas partidas de xadrez contra o estimado amigo Oscar Rodrigues – um homem fino, que por vezes lhe facilitava um triunfo em nome da preciosa amizade.

Pelos menos dois dias seriam reservados para sentar-se à mesa, conversar e desfrutar da candura de Rafic Simon e das comidas sírias que sua esposa fazia com esmero. Pequenos goles, boas prosas, o cheiro de hortelã-pimenta macerado pelas mãos sempre alegres de Dona Zila e finalmente, bem na hora em que a fome começava a doer, estava pronto o tabule, o quibe cru, o kebab.

Seu Magallañes também precisava atualizar-se sobre os negócios de gado, sua grande paixão. Aí a conversa aconteceria nos galpões, arrastada, cheia de causos, com Luiz Moura Leite, ou breve, sucinta e pragmática, com o japonês, seu Takeshi. Tinha, ainda, que se levantar bem cedinho para, na companhia do Tito, beber leite "tirado na hora" e misturado com conhaque, tudo isso ouvindo a conversa inteligente do seu Pedro Carrinho.

Antes de partir, arrumaria tempo para um café na companhia agradável dos irmãos Odorico e Clóvis, além de uma troca de energias com o carismático Sebastião Alves.

O churrasco com espeto de madeira, conhecido no local como "mamoninha", temperado com limão pelas mãos dos queridos companheiros Dito Lima e João Pedro Ribeiro, além da cachaça reservada do seu amigo, o comendador Orlando Pavan, seriam o cardápio de sua última festa.

Durante a festa, seu Magallañes ouviu repetidas vezes uma música da dupla sertaneja brasileira Belmonte e Amaraí, que fazia grande sucesso à época. A música, cujo título é "Do mundo nada se leva", tem uma estrofe que se repete:

"♫ *Vamos sorrir e cantar*
Quem está triste se alegra
A nossa vida é curta
Do mundo nada se leva
A nossa vida é curta
Do mundo nada se leva ♪".

Depois de uma breve temporada no interior de São Paulo, o "Espanhol", como era conhecido, despediu-se daquela terra que fazia o melhor doce de leite. Pagou a hospedagem para seu amigo e quase irmão, Benerio

Bagali, abraçou e agradeceu com respeitoso carinho a recepção da Dona Elvira, que àquela altura carregava no colo a pequenina Alessandra Giovana, olhos cor de piscina. Era a décima filha de 11 que teria.

Após a saída do hotel, seu Magallanes atravessou a rua. Ainda no pátio da estação, apertou forte a mão do amigo João Pelicer e chorou um pranto intenso, amargo, de despedida, de quem sabia que nunca mais voltaria.

Finalmente, comprou a passagem e subiu num trem prateado rumo a São Paulo.

No final daquela tarde de garoa, desceu na Estação da Luz, em São Paulo, e olhou para os acrílicos coloridos que emolduravam a fachada. Depois seguiu de táxi, um veículo modelo Volkswagen TL, rumo ao Rio de Janeiro. Na capital fluminense, seu Magallanes ficaria durante uma semana, encantado com as praias, com as paisagens e com as belíssimas mulheres da Cidade Maravilhosa.

Mas como ninguém foge da própria história, quis o destino que numa tarde de quarta-feira, onze de julho de um mil novecentos e setenta e três, no Aeroporto Internacional do Galeão, o senhor Magallañes, com mais 133 pessoas, embarcassem no voo RG 820 da Varig com destino a Paris.

O espanhol estava feliz, trabalhara desde criança e agora chegara a hora de aproveitar a vida em grande estilo. Dinheiro e o charme do homem mediterrâneo eram atributos que não lhe faltariam.

Queria sentar-se numa mesa perto da janela do "Café de La Rotonde" e degustar sem pressa um *croissant* com geleia de amora e mirtilo, bem doce. Depois, saborear um café colombiano forte, encorpado. Enquanto isso, quem sabe, perceber a presença e a energia espiritual do célebre frequentador – Pablo Picasso –, falecido há menos de três meses, em oito de abril daquele mesmo ano.

Ele queria subir na Torre de Montparnasse, recém-inaugurada, e ver Paris à noite, em 360 graus. Queria passear pelo Louvre e pelo Jardim de Luxemburgo. Queria ver os rostos femininos pintados nas telas de Modigliani. Queria, quem sabe, até arrumar uma francesinha trinta anos mais jovem e ouvir de madrugadinha a música "F comme femme", de Salvatore Adamo.

Senhor Magallañes queria muita coisa, mas como dizia Anahide, mãe de David, "a gente faz um plano, Deus faz outro". E como na frase da música de Adamo *"L'oiseau mourut avec l'été"*, que em sua tradução significa "O pássaro morreu com o verão", antevia-se o desastre... O gigantesco pássaro de metal, em chamas, espatifou-se no verão quente de Paris.

A menos de dois minutos da aterrissagem no Aeroporto de Orly, o Boeing 707, prefixo PP-VJZ, em chamas, tomado por uma densa e escura fumaça, fez um pouso desastrado em uma plantação de repolho e cebola no vilarejo de Saulx-les-Chartreux, ao sul da capital francesa.

A cena final do "Desastre de Orly" foi pavorosa: mais de uma centena de homens, mulheres e crianças desmaiadas pela ingestão da fumaça e depois calcinadas pela explosão. Dez pessoas, nove tripulantes e apenas um passageiro, sobreviveram. Entre os mortos estavam brasileiros ilustres: um senador, um cantor e uma atriz.

O único passageiro que sobreviveu à tragédia era um garotão brasileiro, meio psicodélico, magrelo, com mais de 1,90 cm. O senhor Fernando Parrado de Magallañes, por sua vez, encontraria Picasso em outra dimensão.

David registrou a escritura de compra e venda do hotel e, após orientação jurídica, durante oito anos seguintes juntou dinheiro, comprou os dólares e manteve o investimento num banco americano, até que no ano de mil novecentos e oitenta e um, após todo um meticuloso processo judicial de busca por herdeiros, a Justiça local atribuiu-lhe definitivamente a plena propriedade do Santa Clarita.

SAN BARTOLOMEU

Como ninguém apareceu para receber a montanha de dinheiro que por direito pertencia ao senhor Magallañes, o jovem empresário, bafejado pela sorte nos negócios, ficaria ainda mais abastado.

David tinha sorte, muita sorte nos negócios.

Seu Magallañes teve sorte, muita sorte na vida. Morreu numa fração de segundos. Não teve AVC, câncer de próstata, nem precisou passar seus últimos dias solitário, morrendo aos poucos numa casa de idosos em Paris.

Capítulo XXIX

Sophia

Desde a inauguração de sua loja em Santa Clara, David invariavelmente passava o final do dia, das 16h às 19h, no local. Nas duas primeiras horas ele atendia clientes, conversava com vendedores, assinava cheques e discutia com seu gerente e amigo Lorenzo os rumos da empresa. Depois das 18h, o empresário lia jornal, ouvia rádio, contava histórias ou tomava um drink.

A menina Náhima havia sido contratada no início da empresa – na época com 16 anos –, e desde então tornara-se a principal vendedora e uma espécie de faz tudo. Na ausência de David e do gerente Lorenzo, era ela quem tomava as decisões. Sua autoridade foi se dando naturalmente, tamanha era a sua dedicação. David via na jovem um pouco daquele menino de 12 anos que exterminou as baratas do depósito do armazém do avô.

Já se passara alguns dias desde que o patrão percebera na moça certa apreensão e uma tristeza incontida. Carinha de choro, nariz vermelho, calada e introspectiva. Nesse dia, ouviu sua funcionária vomitando no banheiro. Pouco antes das 18h, David falou pelo interfone com um funcionário e pediu para avisar Lorenzo e Náhima de que o chefe queria conversar com os dois após o fechamento da loja.

Náhima, que andava com a autoestima a zero, logo começou a chorar, temendo uma demissão. Lorenzo, que tinha pela colega de trabalho um misto de admiração, carinho e quem sabe até uma paixão, cujo coração escondia a sete chaves, sorriu para amenizar o sofrimento da amiga.

Por volta de 18h15, David, que tal como o avô era apaixonado por rádio, ouvia o noticiário e ficou chocado com a notícia que vinha do país irmão no hemisfério Sul. Naquela quinta-feira, dia primeiro de fevereiro de mil novecentos e setenta e quatro, a gigantesca metrópole de São Paulo estava em choque. De manhã, por volta de 8h50, um edifício de nome "Joelma", localizado no coração da capital paulista, sofrera um terrível incêndio. O edifício pegou fogo depois de um curto-circuito no sistema de refrigeração do Banco Crefisul, que ocupava boa parte do prédio. O incêndio começou no 12º andar, durou mais de três horas, destruiu 14 pavimentos e deixou 187 mortos e mais de 300 feridos.

David, que desde a Copa do México, no ano de mil novecentos e setenta, havia aprendido a gostar do Brasil e do time do Corinthians, foi tomado por uma enorme compaixão pelo povo irmão, vítima de tamanha tragédia.

Depois de digerir essa triste notícia, David desligou o rádio ao avistar Náhima e seu amigo. Era a hora de conversar seriamente sobre o rumo da vida daquelas duas pessoas tão queridas.

— Náhima, você sabe que entre eu e Lorenzo não existem segredos. Eu conheço o Jumbo desde o primeiro dia de aula e o considero como um irmão. Abra o seu coração para nós.

— Do que o senhor está falando, seu David?

— Fala sério, menina. Conta para gente o que está acontecendo com você. – David esboçou um sorriso, típico de quem tinha intenção de ajudar.

A moça desmanchou-se em lágrimas. Lorenzo, derretido de paixão por aqueles olhos vermelhos, abraçou fraternalmente a companheira de trabalho, gentilmente retirou do bolso um lenço de brancura impecável e entregou-o para Náhima. Ela secou os olhos e o nariz inchado, um pouco pela gravidez, um pouco pelo choro.

— Seu David, Lorenzo… Eu estou realmente com um problema. Resumindo, há alguns meses eu me envolvi com o Rafael, aquele vendedor da Bayer… Ele mora em Musgravite. E agora descobri que estou grávida.

— E isso é problema? – perguntou David.

— Estou numa situação complicadíssima. O Rafael, quando ficou sabendo da minha gravidez, contou que era casado e pediu para esquecê-lo. Já pediu até transferência do local de trabalho. Lorenzo, você não percebeu que essa semana veio um novo vendedor aqui?

— Tudo bem, Náhima. Você é forte e batalhadora. Você cria essa criança. De repente, eu até vejo vocês se casando.

— Conta com a gente, reforçou Lorenzo. – Sorrindo e visivelmente animado com o empurrão do amigo.

— Que jeito, seu David? Sou arrimo de família. Meu pai faleceu há vários anos. Morreu soterrado num acidente durante a construção da rodovia que liga Órion a Musgravite. Minha mãe teve que amputar uma das pernas devido a uma trombose. Tenho um casal de irmãos mais novos que dependem de mim. Vocês precisam me ajudar. Eu tenho que fazer um aborto.

— Náhima, não cometa essa loucura. A vida é uma dádiva do Universo. Nós não temos o direito de interrompê-la por motivo tão mesquinho. Eu pago suas despesas, enxovais e parto. Fique sossegada. Caso você realmente não tenha condições, eu me responsabilizo pela criação do bebê.

E foi assim que, com seus doces eufemismos, o empresário acabou convencendo a moça a seguir com sua gravidez. A sua primeira e última!

Depois, pegou o telefone e ligou para a esposa.

— Ada, eu vou adotar uma criança. Posso contar com você?

A esposa, que havia abdicado de suas atividades profissionais para cuidar dos gêmeos Yerevan e Zahedan, obviamente não gostou da proposta. A resposta foi evasiva, um misto de nem sim, nem não – mas David estava convicto. Qualquer coisa, ele sabia que sua mãe e Fanni, entediadas naquelas montanhas longínquas de Saint Martin, adorariam ter um bebezinho com elas.

A vida seguiu e antes dos sete meses de gestação, Náhima começou a apresentar convulsões. O problema conhecido como eclampsia foi se agravando. Em torno de trinta semanas de gravidez, a moça foi internada às pressas na mesma maternidade onde os gêmeos vieram ao mundo.

A bebezinha nasceu pequenina e linda, sendo imediatamente encaminhada para a incubadora. Já a situação da mãe era desesperadora. Dois dias se passaram, e apesar de toda a luta dos médicos, Náhima, a jovem e frágil mãe de Sophia, tal qual a "vó Giocconda" de David, não conseguiu ver o rostinho da filha. Assim, tanto a mãe de David, Anahide, quanto a sua filhinha, Sophia, possuíam em comum o fato de nunca terem sentido o doce calor do colo de mãe.

Lorenzo esperava a moça sair da maternidade com a criança no colo para finalmente pedi-la em namoro. Por muito tempo chorou em silêncio a morte daquela menina linda, para quem ele nunca teve coragem de dizer o óbvio: "Eu te amo, Náhima. Deixa eu te fazer a pessoa mais feliz do mundo".

Capítulo XXX

Saindo do armário

No dia dezessete de agosto de mil novecentos e setenta e sete, exatos e cravados sete anos do dia em que David saiu de Saint Martin, quis o destino que o jovem e bem-sucedido empresário chegasse em seu torrão natal para acertar negócios e visitar os familiares.

Ele, que viajara na noite anterior, ainda não tinha pleno conhecimento das notícias fúnebres envolvendo um de seus maiores ídolos. No dia anterior, por volta do meio-dia de uma terça-feira como tantas outras, o mundo da música perderia um astro sem precedentes.

O corpo do extraordinário Elvis Aaron Presley, na plenitude de seus 42 anos, seria encontrado, já sem vida, pela sua namorada, Ginger Alden, no chão do banheiro de sua mansão, na cidade de Memphis, estado do Tennessee - EUA.

A causa da morte de Elvis, como de costume no mundo do rock and roll, não poderia ser outra: parada cardiorrespiratória em função da ingestão excessiva de drogas farmacêuticas, anfetaminas e soníferos. O relatório final apresentado pelo Departamento de Patologias do Baptist Memorial Hospital de Memphis indicou a presença de 14 substâncias no corpo do cantor, das quais 10 em grandes quantidades.

David mais uma vez lembrou-se da frase do avô Joshua: "Se droga fosse coisa boa, não teria esse nome". No caso de Elvis, elas, ainda que lícitas, abreviaram a vida do cantor.

Logo após o almoço, David foi até a igreja de Saint Martin. Ali, em silêncio meditou, rezou e depois, como uma forma de homenagem anônima e singela ao seu ídolo, cantou, mentalmente, em profundo silêncio e pesar, aquela que era sua canção preferida de Elvis – *How great thou Art*:

"♪ Oh, Senhor meu Deus, quando estou maravilhado
Observando toda sua criação
Eu vejo as estrelas, eu escuto o trovão que vem chegando
Teu poder manifesta-se através de todo Universo...
Quando Cristo vier
Nós gritaremos uma aclamação
Que me levará para Casa, preencherá meu coração de alegria
Então eu reverenciarei, em humilde adoração
E lá proclamarei "Meu Deus, quão grande tu és! ♪".

Com certeza, nesse dia Elvis reverenciou o Criador. O grande arquiteto do universo, por sua vez, em sua infinita simplicidade e bondade, também sentiu-se lisonjeado com tamanha reverência.

No final da tarde, antes do jantar, Expeditum chamou o irmão para um dedo de prosa em particular e foram juntos caminhando pela praça central de Saint Martin.

— David, preciso conversar um assunto sério com você. Eu preciso muito, muito, muito da sua ajuda.

— Pode falar, meu irmão. Em que posso ajudá-lo?

— Primeiramente, eu preciso abrir o meu coração para você. David, eu completei 18 anos e tenho um problema que eu acho que você imagina. Não tenho coragem de falar para a mãe e muito menos para o pai. O Biel é meio bronco e a Giovanna ainda é criançola. Só tenho você para abrir o coração.

— Eu sei o que você vai falar, Dito. É sobre sua opção sexual, não é?

— Eu sabia que você sabia, David.

— Pois é, meu irmão... Eu sempre vi os seus trejeitos, suas preferências por brinquedos de menina, pelas atividades da mãe e da Fanni, e confesso que quando eu era mais jovem isso me chateava. Mas com o passar do tempo fui percebendo que isso não é defeito, meu irmão. O importante é o nosso caráter. Eu te amo, independentemente de suas escolhas.

— David, não é uma questão de escolha. É uma coisa muito louca. Eu tenho um corpo de homem, mas a minha cabeça é de mulher. Eu me sinto uma mulher, sempre foi assim.

SAN BARTOLOMEU

— É por isso que você deve ser respeitado e amado. Vivemos numa sociedade preconceituosa, mas pelo menos a nossa família tem que aceitar isso. Vamos abrir o jogo para todos hoje, durante o jantar. Que tal? Eu compro a sua briga.

— Ai, que medo, David! E se a mamãe ou o papai ficarem chateados comigo e quiserem me expulsar de casa?

— Mamãe, papai... Você é tão delicado. Eu juro que tenho certa inveja, no bom sentido, dessa sua doçura. Dito, na verdade todo mundo sabe, mas finge que não percebe a sua opção sexual. Mais cedo ou mais tarde isso vai aparecer, então que seja mais cedo. Além do que, pai e mãe sempre vão querer bem o filho.

— Então está bem, maninho. Confio em você!

Antes do jantar, David disse a sua mãe que precisava conversar com os pais na presença de Dito.

— Pai e mãe, o Dito queria comunicar um assunto para vocês e pediu para que eu estivesse junto, pode ser?

— Fala, Dito. Desembucha! – disse o pai, Julio.

— Fala, criatura. Se você não falar eu mesmo falo.

— Então fala você, David.

Puxa vida! O abacaxi era mesmo para que David o descascasse.

— Mãe, pai... O Expedito quer comunicar para gente que ele não gosta de mulheres, que ele possui outra opção sexual.

— Como é que é, filho?

— É isso, mãe. Simples, curto e direto. Nós sempre soubemos e não é agora que vamos mascarar ou agir com hipocrisia. O meu irmão e filho de vocês, Expeditum, é homossexual.

— É isso, filho? – indagou o pai.

— Me perdoa, pai. Eu tenho tanta vergonha disso. Mas a verdade é que eu nunca me senti um menino.

— Não tem que pedir perdão por nada, Dito. Eu estou acostumado a puxar pés de bois de doze arrobas para o Jeremias castrar. Eu sou homem do meu jeito, você que seja do seu. Ninguém vai atropelar o meu filho enquanto eu estiver vivo. Quem não tiver pecados que atire a primeira pedra. E se forem atirar pedra nos meus filhos terão que passar sobre mim.

Mais tarde, David entenderia que o entendimento e a compreensão tão imediatos de seu pai tinham razões outras. Julio Alphonso, de tantas trapalhadas conjugais, mais cedo ou mais tarde também precisaria ser compreendido pelos familiares.

A família toda abraçou-se e Dito exorcizou o fantasma que carregava desde os primórdios de sua existência – o medo de ser rejeitado.

Depois ainda comunicou aos pais e à irmã Giovanna que ia para Santa Clara com o irmão David. Queria fazer cursos de cabeleireiro e esteticista, montar um salão de beleza chiquérrimo e conhecer gente famosa.

Anahide sofreu pela terceira vez a debandada de um rebento, mas sempre soubera que filho é igual pássaro, que cria asas e voa. E David sabia que o irmão tinha jeito para o negócio e o seu sucesso também era uma questão de tempo.

Depois de Ada e sua família, do amigo Lorenzo, de seus três filhos Yerevan, Zahedan e Sophia, do irmão Gabriel e a cunhada Louise, David agora levaria para viver sob sua proteção aquele irmão cujo avô sempre se preocupou.

Aquela reunião com tanta gente querida ajudaria a enganar o coração do jovem e bem-sucedido empresário. Bastava, porém, uma dose de uísque num final de tarde e a saudade de Tina explodia em seu coração.

Dito, que ao contrário de David não curtia rock americano nem as famosas bandas britânicas, foi dormir feliz ouvindo um disco de um famoso cantor brasileiro – Paulo Sérgio. A sua música preferida no álbum tinha um refrão que Expeditum adorava repetir, quase como uma autodefesa:

"♫ Sei que minhas qualidades cobrem meus defeitos
E não é direito você querer por todos contra mim ♪".

Capítulo XXXI

O morro dos ventos uivantes A loucura

A vida conjugal de David e Ada seguia em franca decadência, mas ele não ia esmorecer. Os gêmeos iam entrar na escola e Sophia era apegada demais ao pai. Javier, o cunhado especial, tornara-se um amigo inseparável e, tal como Lorenzo, conversava todos os dias com David. Além disso, a menos que sua esposa tomasse uma decisão nesse sentido, ele manteria seu casamento – pelo menos até a maioridade dos filhos.

Como Ada, embora ausente como esposa, cuidava bem dos filhos, ele também não fugiria de suas responsabilidades de patriarca, ainda que essa união infeliz o mutilasse um pouco a cada dia.

Se David era infeliz no amor, a vida financeira e os negócios do jovem empreendedor seguiam uma trajetória de notável estabilidade e progresso. E isso sempre deu certo conforto e bem-estar, embora a tristeza e a melancolia em seus olhos fossem latentes.

Em janeiro do ano de mil novecentos e setenta e oito, a cantora inglesa Kate Bush lançou uma música denominada "Wuthering Heights", cuja tradução significa "Morro dos ventos uivantes". Bush escreveu a letra da música quando tinha 18 anos baseando-se no livro do mesmo nome.

A cantora, ao ler o romance, descobriu que havia nascido no mesmo dia que a autora do livro. A letra é feita do ponto de vista da personagem principal, Catherine Earnshaw, que implora na janela de seu amor, Heathcliff, que ele a deixe entrar. Essa cena romântica tem um lado sinistro considerando-se os eventos do livro, já que Catherine pode ser um fantasma chamando o amado para juntar-se a ela na morte.

"♫ Lá fora nas tempestuosas colinas
Nós girávamos e caíamos no gramado
Seu temperamento era como o meu ciúme
Ardente e ávido demais

JOÃO PIRES GAVIÃO NETO

Como você pôde me abandonar
Quando eu mais precisei te possuir?
Eu te odiei, eu te amei também

Pesadelos na noite
Você me dizia que eu iria perder essa luta
Deixar para trás meu morro, meu morro
Meu morro dos ventos uivantes

Heathcliff, sou eu, Cathy, eu voltei para casa
Sinto tanto frio, deixe-me entrar por sua janela
Heathcliff, sou eu, Cathy, eu voltei para casa
Sinto tanto frio, deixe-me entrar por sua janela

Oh, aqui é escuro e solitário
Deste outro lado, longe de você
Eu definho tanto, eu percebo que o destino
Fracassa sem você
Estou voltando, amor, cruel Heathcliff
Meu único sonho, meu único mestre

Há muito tempo eu vagueio pela noite
Estou voltando para o seu lado para consertar isso
Estou voltando para meu morro, meu morro
Meu morro dos ventos uivantes

Heathcliff, sou eu, Cathy, eu voltei para casa
Sinto tanto frio, deixe-me entrar por sua janela
Heathcliff, sou eu, Cathy, eu voltei para casa
Sinto tanto frio, deixe-me entrar por sua janela

Oh, deixe-me ter, deixe-me levar sua alma embora

SAN BARTOLOMEU

Oh, deixe-me ter, deixe-me levar sua alma embora
Você sabe que sou eu, Cathy

Heathcliff, sou eu, Cathy, eu voltei para casa
Sinto tanto frio, deixe-me entrar por sua janela
Heathcliff, sou eu, Cathy, eu voltei para casa
Sinto tanto frio. ♪"

Quando a música, feito uma avalanche, invadiu as programações musicais mundo afora, David procurou saber sua tradução, sua história.

Primeiramente, leu o romance que deu nome à canção, como já dito, *O Morro dos Ventos Uivantes*, obra da escritora inglesa Emily Bronte, publicado em mil oitocentos e quarenta e sete, e viajou na história, assustado com aquela loucura selvagem do personagem Heathcliff.

Como gostou demais daquela voz e do aspecto místico do livro, decidiu que a canção simbolizaria o seu amor platônico, o seu amor impossível por Tina.

Assim, muitas vezes David bebeu e ouviu a performance da estridente cantora inglesa. E nessas ocasiões, apenas Lorenzo e Gabriel sabiam, naquelas noites, por onde vagueavam os sonhos e devaneios do coração de David.

Capítulo XXXII

O perdão

Já era passada uma década desde o dia em que saíra do povoado de Saint Martin, duas semanas após a morte do avô. Sem dúvida, David seguia uma vida de sucesso. Havia constituído empresas lucrativas, formado uma família, trazido amigos e familiares para junto de si e gozava de enorme prestígio na cidade que escolhera para viver.

Apenas duas coisas não faziam o rapaz feliz. A primeira, obviamente, era o casamento errado que fizera com Ada, que se tornava mais distante e mais ausente com o passar do tempo.

David, que não se esquecera e provavelmente jamais se esqueceria de Tina, vivia sonhando com um improvável encontro. Mas como, com uma mulher problemática e dependente, com três filhos pequenos... Como poderia procurar sua galeguinha e lhe dizer que havia se casado, estava arrependido e morria de paixão por ela? Além disso, Tina havia sumido do mapa. Era melhor esquecer e sofrer calado pelas suas burrices.

A segunda situação que o atormentava há vários anos era saber como estaria a família e, principalmente, a mãe do rapaz que havia morrido na fatídica confusão em San Bartolomeu. David, embora tão vítima quanto o rapaz assassinado, sabia que precisava pedir perdão para a mãe do jovem, sabia que não poderia conviver com esse pecado, com essa sombra, pelo resto de seus dias.

No primeiro ano da nova década, David e a família passaram o feriado da Semana Santa e a Páscoa na casa de seus pais, em Saint Martin. Naquela sexta-feira da Paixão de Cristo, dia quatro de abril de mil novecentos e oitenta, ele pretendia, no período vespertino, ir até San Bartolomeu para tentar localizar aquela mãe, mas um fato inusitado na pequena cidade mudou seus planos.

A sede social do único clube da cidade pegou fogo. O incêndio, provavelmente causado por uma guimba lançada por um jogador de carteado em meio a resíduos plásticos, reduziu a cinzas o antigo prédio onde David curtira suas primeiras baladinhas no final dos anos 60. Naquela sexta-feira, o clube das tradicionais cores branco, vermelho e verde vestiu cinza, literalmente. A violência do incêndio e a comoção causada na cidade acabaram por adiar a pequena viagem do rapaz.

Entretanto, no final daquele mesmo ano, no dia seis de dezembro de mil novecentos e oitenta, a mãe de David completaria meio século de vida. Como as crianças já estavam de férias, resolveram visitá-la de surpresa.

SAN BARTOLOMEU

A família partiu de Santa Clara no dia anterior bem cedo, por volta das 6h30, com os três filhos dormindo no banco traseiro. David e Ada pegaram estrada a bordo do luxuoso Ford Maverick GT de oito cilindros. Em dez anos, inúmeras rodovias foram construídas em Caballa. De Santa Clara a Saint Martin já não era preciso embarcar em trens e muito menos em mulas, de modo que após uma rápida visita aos pais de Louise, em Órion, no meio da tarde David já estava na casa dos pais, nas montanhas onde fora criado até os 20 anos.

Aproveitou o sábado para conversar com seu Alfeu no armazém, que virara um supermercado. A pousada também fora completamente remodelada e agora tinha a fachada rosa e um novo nome. Saint Martin recebera pavimentação em várias ruas, mas ainda sofria com falta de água tratada.

À tarde, David foi com o pai à fazenda. Pediu para Jeremias encilhar a mula Faxina e aproveitou para passear a cavalo com os meninos Yerevan e Zahedan. No domingo bem cedinho, David foi até San Bartolomeu, pois precisava ver a mãe do rapaz. Chegando ao povoado, por volta das 8h, procurou informações sobre o paradeiro daquelas pessoas. Era um povoado pequeno e em pouco tempo encontrou a família.

— Bom dia. Qual o nome da senhora?

— Pois não. O meu nome é Lolla. E o seu?

— Prazer. Meu nome é David. Dona Lolla, posso lhe fazer uma pergunta? A senhora não vai ficar chateada?

— Nessa altura da vida eu não me chateio fácil. Desce do carro e chega.

David desceu do seu elegante automóvel e entrou numa casinha pequena, com pé direito baixo e falha nos rebocos. Muito humilde, mas muito asseada, com cheiro de lar. As canecas e as panelas de alumínio brilhavam.

Na sala havia uma moça, da mesma idade de sua irmã Giovanna. Aliás, além da idade, David notou, à primeira vista, uma semelhança incrível daquela jovem com a sua irmã caçula. A moça segurava uma criança no colo. Era um menino de traços bonitos, porém com um defeito de nascença na boca, conhecido como lábio leporino. David ficou com o coração em pedaços vendo aquela criança numa situação tão difícil assim.

— Essa é minha filha Esther e o menino é meu neto, Murillo. O senhor toma um café?

— Aceito sim, obrigado.

David pegou o pequeno no colo, abraçou ternamente aquela criança e sentiu o coraçãozinho dele bater perto do seu. Depois, tomou o café quentinho que estava no fogão à lenha e disparou:

— Dona Lolla, a senhora que é a mãe do Alexandre, aquele rapaz que foi morto há dez anos durante a festa do padroeiro?

A mulher enrubesceu.

— Sou eu sim, por quê? Aconteceu alguma coisa nova?

— Então dona Lolla... Eu estava envolvido naquela história.

— Foi o senhor quem matou o meu filho?

— Não. Eu também fui vítima da situação. Naquele dia eu estava de passagem aqui em San Bartolomeu e fui acompanhar uma moça até a casa dela. Na volta fui agredido covardemente por três rapazes. Um deles, o maior, era o seu filho. Acho que iriam me matar. Daí o meu companheiro chegou e pediu que parassem. O Alexandre estava armado com uma faca e juntamente a um dos rapazes, partiu em direção ao meu amigo, enquanto o outro rapaz me chutava igual bola de futebol. O meu amigo sacou a arma e atirou no seu filho. Foi isso que aconteceu.

— Pois é... Eu conheço essa história até de trás para frente. Mas afinal, o que o trouxe aqui, na minha casa?

— É que embora eu não tenha culpa pelo ocorrido, essa passagem não sai da minha cabeça. Então eu vim aqui para dar um abraço na senhora e pedir o seu perdão.

Dona Lolla caiu em prantos e abraçou o rapaz como se fosse seu próprio filho, pois sabia que isso era quase uma verdade. David também não resistiu às emoções e chorou copiosamente.

— David, não só você, mas também o rapaz que atirou em meu filho, os dois estão perdoados. Vocês agiram em defesa própria. O meu filho era um rapaz violento. Não sei o que o levou a ser dessa maneira. Um dos rapazes que estavam na briga teve o mesmo fim em uma confusão na capital.

E a mulher continuou a conversa.

— Eu não dei sorte da vida. Quando era mocinha fiquei grávida do Alexandre. O pai dele era um viajante e mascate de nome Nagib, que simplesmente desapareceu quando tomou conhecimento da minha gravidez. Criei sozinha o menino, labutando como arrumadeira de pousada.

— E a Esther, dona Lolla?

— A Esther é a filha que Deus me deu, embora eu não tenha tido a sorte de constituir família. Da mesma forma que o Alexandre, a Esther também foi fruto de uma aventura fugaz que eu tive. O pai dela é um fazendeiro lá de Saint Martin. Você imagina quem é ele?

David empalideceu.

— O pai da Esther era um moço muito educado chamado Julio Alphonso. Quando ele ia para Musgravite pernoitava por aqui e a gente teve um caso. O Julio nunca escondeu de mim que era casado. O erro foi meu. Quando fiquei grávida preferi me esconder e ele jamais ficou sabendo. Eu estava errada em me envolver pela segunda vez numa relação sem futuro. Mas graças a Deus eu criei a Esther.

— Dona Lolla, a senhora está falando sério? O Julio é meu pai. Quer dizer que a Esther é minha irmã?

— Se o Julio Alphonso, boiadeiro de Saint Martin, é seu pai, então a Esther é sua irmã.

O coração de David bateu acelerado. Reparando bem, percebeu novamente que Esther, quando vista de perfil, tinha uma semelhança ainda mais incrível com Giovanna.

David chorou de novo e abraçou a nova irmã, que também ficou visivelmente emocionada.

— E você, Esther? É casada?

— David, a minha filha cometeu o mesmo erro que eu. Ela se envolveu com um rapaz mais velho e casado. Quando ela engravidou, o rapaz não quis assumir. Agora estamos nós duas a criar o pequeno Murillo.

David lembrou-se imediatamente de Náhima, a mãe de Sophia, que se envolvera com um homem de caráter duvidoso.

— E o problema na boca do menino? Vocês já procuraram recursos médicos?

— Que jeito, David? Nós lutamos para não passar fome. Ficamos sabendo que existe um tratamento gratuito no Brasil, no interior do estado de São Paulo. Embora o tratamento seja custeado pelo governo, as passagens aéreas e as despesas de estadias estão totalmente fora da nossa realidade.

— Dona Lolla! Esther! Eu moro e tenho alguns negócios em Santa Clara. Tenho lojas e um hotel. Vocês não querem ir embora daqui? Eu arrumo emprego para Esther na minha loja de produtos veterinários e a senhora vai trabalhar no meu hotel. Com relação ao menino, eu vou providenciar o tratamento dele, seja aqui em Caballa, seja no Brasil, seja onde for. Só peço que a paternidade da Esther seja mantida em sigilo até que a gente consiga criar uma situação para revelar isso aos meus pais sem causar grandes constrangimentos.

As mulheres ficaram eufóricas com as descobertas e, sobretudo, com a oferta daquele rapaz de coração enorme.

Antes de partir, David foi até um pequeno supermercado no centro de San Bartolomeu, onde comprou diversos produtos de consumo familiar, alimentos e doces, e levou para a casa de Dona Lolla. Não se esqueceu também de comprar um caminhãozinho, carregado com boizinhos de plástico, e levar de presente para Murillo, o novo neto de Julio Alphonso.

Depois, passou devagar, sem nenhuma pressa, em frente à antiga casa de Tina. Olhou para aquela fachada, recordou-se do segundo e último beijo de sua vida que realmente valera a pena, ocorrido havia mais de uma década, e pela terceira vez naquele dia viu-se com os olhos inundados de lágrimas.

Parou o carro sob a sombra de uma árvore, em frente à velha escola onde escrevera sua declaração de amor. Ligou o aparelho de som do carro, e a música "Without You", na linda voz do cantor americano Harry Nilsson, parecia traduzir aquele turbilhão de emoções diferentes: o perdão, a descoberta de segredos do passado e, agora, naquele momento, a saudade de seu grande amor. Tudo era uma agonia só, que somente uma canção conseguia traduzir:

"♫ *Quando eu penso em toda minha tristeza*
Quando eu tive você aqui
Mas depois eu te deixei partir
E agora é somente o medo
Que eu deveria deixar você saber
Que você deveria saber

Eu não posso viver
Se for viver sem você
Eu não posso viver
Não posso dar nada
Eu não posso viver
Se for viver sem você
Eu não posso dar mais
Não posso dar nada ♪".

Quando acabou a música, David secou os olhos. Precisava melhorar o astral, era muita emoção para uma só manhã.

Depois, abriu o porta-luvas, tirou do plástico uma fita-cassete denominada "Boy". Era o primeiro álbum da banda irlandesa U2, lançado em vinte de outubro daquele ano. Aumentou o volume, saiu rápido com o carro, os pneus derraparam e cantaram em alto e bom som. E, assim, voltou emocionado para almoçar com a família em Saint Martin.

Agora, aquele caminho que demorava três, quatro dias sobre o lombo de mulas, era cortado em menos de duas horas pelo seu extraordinário Ford Maverick GT, que rompia as paisagens montanhosas numa velocidade fantástica.

Logo após o almoço, David chamou o pai para uma caminhada a sós na praça em frente ao antigo estabelecimento comercial do vô Joshua.

— Pai, preciso lhe contar uma coisa. O senhor tem uma filha em San Bartolomeu. A moça se chama Esther. A mãe dela é a Dona Lolla, que, por coincidência, é mãe daquele rapaz que o Gabriel baleou há dez anos.

— Você está de brincadeira, David…

— Não, pai. A moça é a cara da Giovanna e tem a mesma idade dela. A dona Lolla me contou toda a história hoje de manhã. Ela me disse que o senhor nunca a enganou, que desde o primeiro encontro o senhor disse que era casado, e ela preferiu não o constranger quando ficou grávida.

— David, isso é perfeitamente possível. Realmente, nós tivemos alguns encontros íntimos naquela época, mas se soubesse teria dado apoio a ela.

— Então pai... Eles levam uma vida extremamente difícil. A sua filha Esther acabou na mesma situação da mãe e engravidou de um homem casado. O menininho Murillo tem um problema de má formação no lábio superior. Eu convidei as duas para trabalharem para mim em Santa Clara, mas com a condição de elas guardarem segredo sobre a paternidade da Esther.

— Filho, embora não tenha ficado sabendo desse fato, quero corrigir a minha omissão. Caso elas resolvam se mudar para Santa Clara, quero que compre uma casa e mobília para os três. Veja quanto vai custar e eu lhe deposito o dinheiro.

— E já que estamos falando nesse assunto, quero pedir desculpas pelas minhas falhas em relação à sua mãe. É importante que você saiba que, além dessa moça Esther, eu tenho outros dois filhos fora do casamento.

— Verdade, pai?

— Sim. Um é o Julio Cesar, do Jeremias. Pouco antes de me casar com a sua mãe eu tive um namoro com a mãe dele. Ela ficou grávida e como eu estava noivo e apaixonado pela sua mãe, contei o fato ao meu amigo Jeremias. Ele tinha uma paixão secreta pela moça e começou a namorá-la. Ela contou a ele sobre a gravidez e ele, num gesto de nobreza, assumiu o menino. Você nunca percebeu que o Julio Cesar se parece muito com você?

— Puxa, pai... Agora você falando... O senhor também não pensava muito, né?

— David, eu fui criado num sistema machista, em que a infidelidade do homem é quase normal. Hoje eu me arrependo dessas aventuras. Mas como eu disse no dia em que o Dito nos falou sobre a opção sexual dele... Quem não tiver pecado que atire a primeira pedra.

— E o outro filho? Quem é?

— Hoje ele tem a idade do Gabriel. A mãe dele é de Musgravite. Também tive algumas relações sem compromisso com ela. Ela sabia que eu era casado, mas como tomei conhecimento do fato, dei apoio material a ela até que se casou. Não tenho contato com o rapaz. O nome dele é Rafael e a última vez que tive notícias, fiquei sabendo que ele já estava casado e trabalhava como vendedor de produtos veterinários numa grande empresa.

— Rafael, vendedor de produtos veterinários?

SAN BARTOLOMEU

— Isso mesmo. Foi a informação que obtive conversando com a mãe dele há uns dois anos, em Musgravite.

— Espera, pai! Esse cara, esse Rafael, é o pai biológico da Sophia. Eu me recordo da história contada pela Náhima: o pai da criança era de Musgravite, chamava-se Rafael, era casado e era vendedor da empresa alemã Bayer. Pai, a Sophia é sua neta biológica!

— Que coisa maluca, filho! Eu preciso contar tudo isso para sua mãe. Apesar das minhas infidelidades, que não foram poucas, ela é o amor da minha vida. O resto foram aventuras de boiadeiro. A gente só enxerga os erros depois de certa idade.

Sem dúvida, depois da briga e da morte na calçada de San Bartolomeu, esse final de semana foi o mais maluco na vida de David. Sem querer, ele descobriu que seu querido amigo Julio Cesar era mais do que um amigo, era seu irmão. Descobriu também que seu irmão Gabriel havia dado fim à vida do irmão da própria irmã e que, embora não fosse pai biológico de Sophia, seu pai, Julio Alphonso, era avô biológico da menina.

Ele anotou em sua agenda o nome do sobrinho – Murillo –, para não se esquecer de que o pequenino iria precisar de sua ajuda, aliás urgente, visto que quanto antes ele fizesse as cirurgias reparadoras, melhor seria o resultado.

David e seu pai combinaram que manteriam tudo em segredo até que ocorresse uma situação propícia para a revelação. David também pensou no outro irmão, Rafael. E ficou em dúvida: contaria ou não para Sophia sobre sua verdadeira origem biológica? Cada coincidência maluca que acontece na vida da gente!

— Pai, pelo jeito o senhor não tinha muito juízo, né?

— David, nunca dei palpites na sua vida. Os meus erros rumino eu!

Na segunda-feira, oito de dezembro de mil novecentos e oitenta, por volta das 23h, David retornava à Santa Clara. Parou num posto às margens da autoestrada para abastecer seu carro gastão e comer um lanche com a família.

De repente, a programação do aparelho de TV do estabelecimento foi interrompida. Um apresentador, visivelmente tenso, anunciava que há pouco mais de uma hora, John Winston Lennon, o maior ídolo de David, fora covardemente assassinado na portaria do edifício Dakota, em frente ao Central Park, onde morava com a esposa, Yoko Ono, e o filho, Sean, em Nova York. Dos cinco tiros disparados pelo texano Mark David Chapman, quatro acertaram as costas do ex-Beatle.

Era o fim do sonho. O último respingo de paz e amor. O ídolo havia virado lenda.

Aquele posto bucólico, encravado no sopé de uma montanha às margens da estrada, ficaria gravado eternamente no coração de David de tal modo, que todas as vezes que ele ali passava, recordava-se dos Beatles e daquela chocante notícia, fruto da crueldade humana.

Capítulo XXXIII

Feliz Navidad

No início do ano seguinte, David conversou com sua corretora Dani e rapidamente comprou e mobiliou uma pequena, porém confortável, casa para Dona Lolla.

Julio Alphonso, seu pai, pai de Esther e avô do pequenino Murillo, seguramente o homem mais rico do quadrante setentrional de Caballa, depositou o dinheiro gasto por David para tal fim e ainda custeou todas as passagens aéreas, estadia e demais despesas para o tratamento das cirurgias do novo neto.

O tratamento do garoto acabou sendo realizado mesmo no interior do Brasil. O "Centrinho", como ficou conhecido, foi o resultado de um trabalho extraordinário desenvolvido por acadêmicos brasileiros nas áreas médica e odontológica. Foi de lá, da cidade de Bauru, que o menino Murillo voltou com outra aparência.

Com o passar do tempo e com a boa vida financeira, David, atendendo aos últimos pedidos do avô Joshua, ia, aos poucos, reunindo os familiares, que gravitavam em torno da sua liderança, da sua prosperidade, mas, sobretudo, da sua paciência, de sua resignação e de sua doçura para com as pessoas.

As traições e trapalhadas de Julio Alphonso bem que poderiam manter-se às escondidas, mas como o mal feito é descoberto, quis também o destino que a sua estimada filha Giovanna nascesse com uma disfunção renal e que após inúmeras complicações, o transplante fosse a única chance de sobrevivência para a rica e frágil menina.

Todos os parentes fizeram o teste para verificação de compatibilidade, mas nenhum dos testes apresentou resultado satisfatório. Foi, então, que David recordou-se de Esther. Esther era a cara de Giovanna. Cara, cabelo, temperamento, rim... tudo igual.

A moça, assustada, chorou muito. Morreu de medo da dor, morreu de medo de morrer, mas acabou topando a inglória luta de salvar a vida da irmã. Esther sabia que Giovanna era sua irmã, mas Giovanna não sabia de Esther. Diante dessa situação especialíssima, David intuiu que chegara o momento de contar para sua mãe sobre as aventuras sexuais do pai. Julio também se sentia em dívida com a esposa, e já que a inusitada existência de Esther acabaria dando uma chance de sobrevivência para Giovanna, era óbvio que Anahide, com a possibilidade de ver a filha com a saúde renovada, talvez sentisse menos raiva pela traição conjugal.

A cirurgia aconteceu no Hospital Santa Lucia, o maior e mais bem equipado do país, localizado na capital. No dia onze de maio de mil novecentos e oitenta e um, as hábeis mãos do doutor Henrique Peña Ballestero trouxeram nova esperança para a jovem Giovanna Mercedes Larrosa.

No mesmo dia em que Giovanna renascia para a vida, um famoso cantor dava adeus à existência terrena.

Os fãs e seguidores do reggae perderiam seu maior representante. Robert Nesta Marley, mais conhecido como Bob Marley, era ainda um moço sorridente, com 36 anos apenas. Mas o câncer não escolhe idade nem perdoa a genialidade e, infelizmente, os tumores explodiram dentro do corpo do cantor jamaicano.

Naquela segunda-feira, o Hospital Cedars of Lebanon, em Miami, Flórida, anunciaria oficialmente a morte do rei do reggae. Seu funeral, na Jamaica, foi uma cerimônia digna de chefes de Estado, com elementos combinados da Igreja Ortodoxa da Etiópia e do rastafarianismo. Ele foi sepultado em uma capela em Nine Mile, perto de sua cidade natal, com sua guitarra favorita, uma Fender Stratocaster vermelha.

Três meses após o transplante e com a recuperação tanto de Esther, a doadora, como de Giovanna, a receptora, David viajou sozinho até a casa dos pais em Saint Martin. No caminho, adentrou as ruas do povoado de San Bartolomeu. Passou em frente à praça central, depois percorreu de carro o mesmo trajeto que fizera a pé, acompanhado pelo seu grande amor. Finalmente, parou em frente à calçada onde escrevera a frase mais importante de sua vida: "Tina, eu te amo". Desligou o motor do carro, ficou ali parado por alguns minutos, respirou fundo, depois ligou o veículo e seguiu viagem até a casa da mãe.

David foi direto para a fazenda, ao encontro do pai.

— Pai, vamos contar tudo para a mãe. O momento é esse. Afinal, se Giovanna está bem hoje, tudo isso foi graças à existência de Esther. A mãe vai acabar entendendo e perdoando você.

SAN BARTOLOMEU

E assim, logo após o jantar e após Giovanna retirar-se para dormir, a conversa aconteceu na varanda da casa

— Mãe, eu viajei até aqui para ajudar você e o pai a resolverem um assunto que precisa ser esclarecido.

— Nossa, filho, assim você me deixa nervosa. Me conte então.

— Mãe, eu sou o filho mais velho, sempre presenciei o amor e a paz entre você e o pai e não gostaria de vê-los separados.

— Não estou entendendo a sua conversa. Por acaso você está querendo encerrar nosso casamento, Julio?

— De maneira alguma, Ana. A minha preocupação é que você tome essa decisão a partir de hoje.

— Mãe, nós precisamos contar para você. A Esther é filha legítima do papai.

— Como?

— Exatamente isso, Ana. Eu não fui um marido fiel. Hoje vejo o tamanho das besteiras que fiz. Nas minhas viagens com gado até Musgravite, eu tive alguns encontros amorosos com a Lolla e há pouco tempo fiquei sabendo por intermédio do David que ela acabou engravidando. Porém, naquela ocasião, ela se distanciou de mim, e por coincidência a verdade veio à tona no ano passado, quando David descobriu a família do rapaz que morreu naquela briga ocorrida há mais de dez anos.

— Puxa, Julio. Que mau gosto...

O marido baixou a cabeça. Não iria contar para a esposa que a amante, vinte anos antes, era bonita, fogosa e o levava à loucura nas vezes em que, cansado, hospedava-se naquele quarto de pousada às margens da estrada de San Bartolomeu.

— Então David? Você está orgulhoso do seu pai?

— Não, mãe, mas estou feliz porque ele está tendo a dignidade de abrir o coração para você. Além disso, por vias transversas ou por desígnios de Deus, é graças à Esther que Giovanna está bem, não é?

Anahide não tinha pensado nisso e chorou copiosamente. O clima ficou pesado, depressivo. Depois de algum tempo, a mulher retomou a conversa.

— Além dos nossos quatro filhos, dessa Esther e do Julio Cesar, existem mais "espanhoizinhos" feitos em pousadas?

— Ana, como você ficou sabendo do Julio Cesar? – indagou Julio Alphonso, surpreso e corado.

— Julio, você se recorda quando a Inês perdeu o bebê e eu, junto à Fanni, ficamos alguns dias com ela na fazenda? Pois bem, naquela ocasião ela ficou muito fragilizada, com medo de morrer, e me contou toda a história.

— E você nunca me falou nada?

— Não. Apenas sepultei o assunto. Para mim, Jeremias é o verdadeiro pai do menino. Você foi um mero instrumento físico para trazê-lo ao mundo. E então? Tem mais algum bastardo para me apresentar?

— Tem, Ana… Antes de Esther, eu tive um menino em Musgravite. Ele é pouco mais novo do que o David. O nome dele é Rafael. Desse eu fiquei sabendo e ajudei a criá-lo até que sua mãe se casou. Depois disso, pouquíssimas vezes nos falamos.

— Mãe, não quero que você enlouqueça, mas esse Rafael, esse irmão que eu não conheço, é o pai biológico da Sophia.

— Como você sabe disso, filho?

— Então mãe… Quando a falecida Náhima, mãe da Sophia, ficou grávida, ela me disse que o pai da criança era um rapaz de Musgravite, chamado Rafael, da minha idade mais ou menos, e vendedor de produtos veterinários. É a mesma informação que o pai teve na última vez que conversou com a mãe dele.

— David, do jeito que você é, daqui a algum tempo levará também o rapaz para Santa Clara.

— Pode ser, mãe, se o destino assim quiser. Mas e daí? Você perdoa o pai?

— Mas como esse mundo é cheio de mulheres vadias! Hoje eu não tenho cabeça para pensar. Por favor, deixem-me a sós. Vou tentar dormir.

Três dias depois, antes de partir, David abraçou e beijou a irmã, em bom estado de saúde – todavia ainda fragilizada pelas intervenções médicas. Abraçou e beijou o pai, chamou a mãe de lado e, comovido, com lágrimas nos olhos, disse baixinho:

— Mãe, eu sei que é difícil o que vou lhe dizer, mas perdoa o pai. Se vocês separarem, ele logo arruma uma moça vinte anos mais jovem. Mas no final da vida, voltará em frangalhos para você cuidar dele.

— Deus me livre de um destino desse, filho.

— Então mãe, pensa com carinho. Até porque é muito melhor perdoar do que ser perdoado.

Anahide contou tudo para Fanni. A amiga foi favorável ao perdão, pois não imaginava aquele casal tão bonito separando-se, assim, de uma hora para outra. Depois de duas ou três semanas dormindo separados, depois de pensar e repensar, a borracha do tempo foi cicatrizando e apagando as mágoas e as coisas voltaram ao normal.

No final daquele ano, David alugou um ônibus e levou todos de Santa Clara para Saint Martin. A ceia de Natal estava repleta de gente: Julio Alphonso e Anahide e os filhos David, Gabriel, Expeditum e Giovanna; Louise, esposa de Gabriel; Facundo, "namorado" de Expeditum; León e Fanni; dona Antonia e os filhos Ada, Santiago e Javier; os filhos de David, Yerevan, Zahedan e Sophia; dona Lolla, Esther e Murillo; Lorenzo, o "Jumbo"; e Jeremias, Inês, Julio Cesar e a namorada.

Durante as festividades, Giovanna levantou-se da mesa enorme e fez um agradecimento a Esther, dizendo que a partir daquele ano ganhara uma nova irmã. Nesse momento, David também se levantou e contou para todos sobre o real parentesco entre ambas, que elas, na verdade, tinham o mesmo pai. Dona Lolla ficou meio constrangida, mas Anahide abraçou-a num gesto explícito de perdão.

As brincadeiras na fazenda eram lideradas por Lorenzo e, claro, tinham a participação total das crianças. Naquela altura, David tinha dois filhos biológicos, Yerevan e Zahedan, tinha adotado Sophia ainda no berçário, e depois veio o sobrinho Murillo, que acabou chamando-o de pai. E, finalmente, Javier, o cunhado, que embora mais velho do que as crianças, também enxergava em David um misto de amigo e figura paterna.

Esse, com certeza, foi o melhor Natal na vida de David.

Ele recordou-se da conversa com sua mãe. Ainda estava faltando o irmão Rafael. "Mais cedo ou mais tarde a gente o encontra", pensou.

Para que o final de ano fosse perfeito, faltaram apenas o vô Joshua e Tina. Mas aí já era querer demais.

Capítulo XXXIV

Que felicidade!

O ano seguinte, em que a seleção italiana, a *Squadra Azurra*, de Dino Zoff, Gentile, Gaetano Scirea, Collovati e Cabrini, Tardelli, Oriali e Antognoni, Bruno Conti, Paolo Rossi e Graziani eliminaria a equipe brasileira na Copa da Espanha e sagrar-se-ia também tricampeã mundial, foi um período de alegrias e conquistas para David.

No dia dezenove de maio de mil novecentos e oitenta e dois, data em que David completou 31 anos, a festa rolou até altas horas.

Quando o relógio apontou 23h e todo mundo já falava mais do que de costume, após uma breve pausa no violão de Gabriel, Lorenzo criou coragem e em alto e bom som primeiramente pediu desculpas a David e depois comunicou que estava namorando escondido e estava perdidamente apaixonado por Esther, irmã do amigo tão querido.

Lorenzo sentia-se chateado, como se fosse um traidor, por estar envolvido com a irmã do amigo. David, ao contrário do que Lorenzo temia, ficou eufórico. Jamais imaginara que aquele amigo-irmão pudesse fazer parte da sua família. E em poucos meses o casamento aconteceu. Lorenzo reformou e aumentou a casa da sogra. Murillo também ficou eufórico ao saber que aquele amigão puro e brincalhão seria seu novo pai.

A pedido de Esther, o casamento aconteceu na Catedral de San Isidro Labrador – padroeiro dos campesinos –, na cidade de Musgravite, mesmo local onde a moça havia sido batizada. David, para não constranger a mãe e porque tinha muito mais afeição pela irmã do que o seu pai pela filha, fez questão de entrar na Igreja com a noiva.

A festa aconteceu no Recinto de Quermesses de San Bartolomeu, naquele local de tão boa lembrança, onde David participou do seu segundo e último jantar ao lado da sua princesa Tina. Doze anos passados e as mesas e as cadeiras eram as mesmas. Tanta coisa havia mudado, e nada havia mudado...

Na semana anterior ao casamento, o empresário recebeu de seu advogado a notícia de que o processo de aquisição do Hotel Santa Clarita havia terminado. A Justiça local havia enviado cartas rogatórias para Badajoz, extremo oeste da Espanha, a cidade natal do antigo proprietário do hotel. Também foram enviadas cartas a Paris, Madrid, para a Justiça de Cerqueira César, interior do estado de São Paulo, Brasil, onde seu Magallañes havia morado por vários anos. Nenhuma das Comarcas localizou herdeiros e todos os dólares guardados ficaram para David. Assim, cada vez mais rico, o próspero empresário bancou todas as despesas do casamento do seu melhor amigo, que agora também era da sua família.

Além da festa do casamento, na semana seguinte ele, que estava de férias, lembrou-se do avô Joshua e resolveu fazer uma megafesta para todas as crianças de San Bartolomeu. Deu pipoca, picolés, algodão doce, cachorro-quente, refrigerantes e brincadeiras. Depois, ainda fretou três ônibus, levou a garotada pobre do povoado e pagou ingressos no cinema de Musgravite.

Dirigido por Steven Spielberg e estrelado pelos jovens atores Henry Thomas e Drew Barrymore, o filme falava sobre a improvável amizade entre o garoto Elliott e um pequeno alienígena inofensivo, vivendo longe do seu planeta. "E.T.: o extraterrestre", arrecadou quase US$ 800 milhões em todo mundo e recebeu nove indicações, ficando com quatro estatuetas do Oscar. David colaborou com uma ínfima parte no valor arrecadado, mas, para aquelas humildes crianças, o passeio ficaria gravado na mente. Alegrias que dinheiro nenhum compra.

Casamento, festas, músicas, sorrisos das crianças, sucesso financeiro e, no final de tudo, sempre a volta para casa na companhia sem graça da esposa Ada. Mas enquanto seus filhos não atingissem a maioridade e andassem com as próprias pernas, ele não iria destruir a família.

David era de uma bondade infinita, mas como todo descendente de espanhol também tinha suas migalhas de teimosia.

Capítulo XXXV

Sentado à beira do caminho

Nos anos seguintes a vida de David seguiu torta, descompensada. Muito sucesso nos negócios e sem tempero no amor.

As lojas de David multiplicaram-se por várias cidades. O rapaz possuía também uma rede de concessionárias espalhadas pela enorme Ilha de Caballa. O Santa Clarita Hotel, nas mãos de Louise e Gabriel, prosperava e espalhava filiais em Órion, Musgravite e na capital. A próxima meta da família era a criação de uma rede de supermercados país afora.

Num dia comum, David tomou conhecimento de que "aquele" posto às margens da autoestrada, próximo à Santa Clara, estava à venda. O empresário deslocou-se até o local, comprou o estabelecimento e promoveu uma enorme reforma. Mandou construir uma grande réplica de um submarino e instalou-o na frente do posto, depois mandou pintar de amarelo reluzente. Por fim, mudou o nome do estabelecimento, que passou a chamar-se Auto Posto Submarino Amarelo. Pronto! Agora John Lennon estava devidamente homenageado.

Tina nunca mais deu notícias e o rapaz seguia uma vida de sempre: dedicação total à família e às crianças, cuidando de todos, ajudando um aqui, outro acolá. Às vezes, após alguns drinques, a espanholinha vinha à sua mente. O cheiro doce de seus cabelos, sua boca quente, o abraço forte, tudo aquilo ainda estava vivo. Mas se Ada nunca deu demonstrações de saudade de seu professor, David, por sua vez, também nunca deu à esposa qualquer demonstração de sua paixão escondida a sete chaves.

No ano de mil novecentos e oitenta e quatro, numa de suas viagens à capital, David, em companhia do irmão Gabriel, fez uma parada para abastecer e tomar um café num posto às margens da rodovia, na área urbana de Musgravite.

Quando saíam da lanchonete para retomar a viagem, David viu um rapaz maltrapilho, barbudo, sujo e ligeiramente alcoolizado. Com ele, um cachorro grande e bonito, muito melhor cuidado do que o próprio dono. Poderia ser apenas mais uma pessoa em situação de abandono, miséria e vulnerabilidade, mas esse caso era diferente.

Ao vê-los, David lembrou-se de Fanni, pessoa do bem, católica fervorosa, que gostava de ajudar os pobres: "Olha, David, Jesus Cristo pode aparecer disfarçado de mendigo para testar a nossa bondade".

Antes que David oferecesse ajuda, o rapaz, ao ler o nome da Empresa "Saint Martin Agropec" na porta do veículo, levantou-se e puxou conversa com os dois irmãos.

— Olá, rapazes. Tudo bem? Vocês poderiam me dar uma ajuda? Não vou enganar ninguém, é para comprar bebida. Estou sem dinheiro e em abstinência, a fase está brava.

E, de repente, mudou de assunto:

— Eu conheço essa empresa. Há alguns anos eu trabalhava com vendas de produtos veterinários e...

David levou um susto enorme. Então olhou fixamente dentro dos olhos do andarilho e viu tudo. Esse cara não era Jesus Cristo. Aqueles olhos eram de seu pai, Julio Alphonso.

— Rafael?

— Como o senhor sabe meu nome?

— Cara, me dá um abraço. Você é nosso irmão.

— Como assim?

David, visivelmente emocionado, contou ao rapaz malcheiroso a história do relacionamento e a paternidade clandestina de Julio com a mulher de Musgravite, mãe do Rafael. Gabriel, que ouvira essa história havia algum tempo, nem se recordava mais desse fato. David, ao contrário, estava eufórico.

Eles levaram o rapaz até a cidade. David, que voltaria da capital após dois ou três dias, pagou algumas diárias num hotel, comprou roupas e levou o irmão ao cabeleireiro. O cachorrão Tupac ficou no quintal do hotel.

Em menos de duas horas Rafael era outra pessoa.

— Irmão, fique aqui, tente não beber. Na volta eu vou levá-lo para Santa Clara. Você vai retomar sua vida. Confie em mim.

E assim, com uma sensação boa de dever cumprido, os irmãos retomaram a viagem.

— Você não pretende contar para ele sobre a Sophia, né?

— Isso não, mas ele é sangue do nosso sangue e vou tentar recuperá-lo para a vida.

— Puxa, David, você tem um coração tão grande, uma paciência... Ajuda todo mundo. Confesso que tenho inveja de você. Mas no bom sentido, meu irmão.

— Nada, Gabriel. Eu que tenho inveja quando vejo o brilho nos olhos de Louise toda vez que ela chega perto de você.

Para que não ficasse um clima de tristeza no resto da viagem, Gabriel ligou o rádio do automóvel. Naquele momento, a rádio tocava a música lançada no ano anterior e que fazia enorme sucesso em mil novecentos e oitenta e quatro, "Eyes Without a Face", do cantor britânico William Albert Michael Broad, também conhecido como Billy Idol. Por sorte os irmãos, apesar do gosto pela música pop americana, pouco entendiam da língua inglesa. Caso contrário, se soubessem a tradução literal da música, David imediatamente entraria numa onda de tristeza.

Na viagem de volta, levaram com eles o meio-irmão e aquele enorme cão no banco traseiro. Gabriel foi embora de mau humor devido ao cheiro do cachorro. Já David estava radiante.

Coração de mãe realmente não se engana. Era mais um parente que David reunia na vasta família do "papai" Julio Alphonso Iglesias Larrosa.

A recuperação física e moral de Rafael foi relativamente tranquila. Após um breve período de internação clínica para desintoxicação, David alugou uma casa e arranjou-lhe um emprego de vendedor numa empresa atacadista de produtos de uso rural.

O rapaz superou o abandono e o desprezo que sofrera da ex-mulher, quando ela descobriu suas trapalhadas. Arranjou uma nova namorada, comprou um carro e vivia em harmonia com os irmãos, embora considerasse como tal apenas David. Dito, Gabriel, Giovanna, Esther e Julio Cesar (este último ele nem conhecia), na verdade não eram seus irmãos, eram parentes, e parente a gente não escolhe.

Mas Rafael não estava feliz.

Passado aproximadamente um ano de sua nova vida em Santa Clara, num final de tarde como outro qualquer, ele foi até a casa de David e sua conversa foi rápida, incisiva.

— David, eu não gosto de clima de despedida, então serei breve. Vim aqui para agradecer imensamente o que você fez por mim, mas apesar de as coisas aparentemente estarem bem, eu não me sinto bem, não me sinto feliz, e vou mudar de vida.

— E quais são os seus planos, irmão?

— Há vários anos, bem antes de minha separação e do período em que me entreguei ao alcoolismo, eu venho lendo, estudando sobre uma prática espiritual conhecida como Xamanismo.

— Que bacana, Rafael! Já ouvi falar que é uma filosofia muito evoluída, da paz.

— Então David... De uns seis meses para cá venho tendo sonhos recorrentes, nos quais aparece um senhor "indígena", que me fala para

SAN BARTOLOMEU

abandonar a minha vida aqui em Caballa e mudar-me para o Brasil. No sonho eu já vi até o local onde sou esperado. Fica no coração da Amazônia, numa cidade chamada Alter do Chão, localizada no encontro entre os rios Amazonas e Tapajós.

— E você vai mesmo, Rafa?

— Amanhã pela manhã, David. Já paguei e encerrei o contrato de aluguel. Queria que você providenciasse a doação dos meus móveis para pessoas que necessitam.

— Fica sossegado quanto a isso. Você vai só?

— Não, a Cindy vai comigo.

Cindy era o apelido da namorada de Rafael. A moça recebera esse apelido pela semelhança, principalmente de seu cabelo, com a cantora nova-iorquina Cynthia Ann Stephanie Lauper-Thornton, conhecida mundialmente pelo nome artístico de Cindy Lauper.

— E o Tupac?

— Seu cunhado Javier adora o Tupac e me pediu para ficar com ele. Mas me disse que você tem que autorizar.

— Claro, irmão. Eu também gostei daquele cão desde que o vi em Musgravite. Foi amor à primeira vista.

David agiu rápido e Rafael, que não gostava de despedida, viu sua família inteira no aeroporto no dia seguinte.

Numa loja de CDs do aeroporto tocava a música "Time After Time", na voz mágica de Cindy Lauper. David não sabia a tradução, mas se soubesse, poderia cantá-la ao irmão Rafael.

"♪ Se você estiver perdido você pode procurar

E vai me encontrar, hora após hora

Se você cair, eu vou te segurar

Estarei esperando, hora após hora

Se você estiver perdido você pode procurar

E vai me encontrar, hora após hora

Se você cair, eu vou te segurar

Estarei esperando, hora após hora ♫".

— David, me dá um beijo. Eu te amo! Fica na paz! Que todos os magos sagrados o protejam e te deem uma existência feliz. Você merece.

Na hora da partida, Tupac abanou a cauda e queria embarcar com o dono. Foi uma tristeza geral no General Cadeio. Mas apesar da tristeza na despedida, o coração de David estava feliz e muito grato.

Grato ao Universo, que, por meio de uma incrível coincidência, fez com que ele encontrasse o irmão sentado à beira do caminho. Grato ao Universo por ser o instrumento que recuperara o irmão para a vida. Grato pelo aparecimento de Tupac, que tantas alegrias proporcionaria a Javier.

Tupac seria, desde então, o amigão de Javier. Se amigo do meu amigo é meu amigo, superlativamente então, amigão do meu amigão é meu amigão...

Capítulo XXXVI

Dodói

— David, você reparou que o Dito anda tossindo demais e está emagrecendo a olhos vistos?

— Verdade, Lorenzo. Ontem mesmo comentei com a minha sogra. Eu percebi isso e ando preocupado.

— Que tal a gente convencê-lo a fazer uns exames de saúde?

— Você está certíssimo. Vou falar com ele ainda hoje. Obrigado pela preocupação, Lorenzo. Aliás, obrigado por você existir. Você sabe que é um irmão que Deus me deu, né?

— Imagina, David. Em tempo, hoje à noite vou fazer uma paella valenciana. Você está intimado!

— Com certeza! Deixa o vinho por minha conta.

A saúde de Expeditum começava a preocupar. O irmão David sabia que o menino gostava da vida noturna e não poupava a própria saúde. As doenças, por sua vez, desde os tempos mais remotos, jamais pouparam ricos, pobres, bonitos ou feios. Assim foi com a peste bubônica, conhecida como peste negra, que, entre os anos de mil trezentos e quarenta a mil trezentos e sessenta dizimou um em cada três habitantes da Europa feudal. Depois veio a tuberculose, também conhecida como peste branca, que pôs fim à vida de milhões de pessoas, principalmente entre os séculos XVII e XIX.

A terrível moléstia pulmonar reduziu a expectativa de vida durante infindáveis anos pós-renascimento e colocou nessa triste lista de óbitos pessoas famosas, como o genial músico e pianista polonês Fryderyk Franciszek Chopin, o extraordinário escritor tcheco František "Franz" Kafka, e até o caudilho venezuelano Simón José Antonio de La Santísima Trinidad Bolívar y Palacios Ponte-Andrade y Blanco, popularmente conhecido como Simon Bolívar.

As enfermidades sempre insistiram em retirar a felicidade humana e, nesse caso, a década de 80 revelou um novo capítulo de desalento, tristeza e dor.

No dia seguinte, Expeditum apareceu no escritório do irmão pálido, tosse seca e irritante, e muito magro. Estava triste, pois havia brigado com Facundo e parecia que dessa vez a coisa era séria.

Natural de Humahuaca, cidade ao norte de San Salvador, capital da Província de Jujuy, extremo noroeste da Argentina, o namorado, dois anos mais novo do que Dito, estava cansado daquele relacionamento passional. Estava cansado e tal qual o parceiro, também não gozava de boa saúde.

Com a debilidade física de ambos, as coisas, que já não iam a contento, pareciam piorar a cada briga. Na noite anterior, além das agressões verbais, eles também tinham trocado alguns empurrões e sopapos. E então, o portenho louro de olhos azuis logo voltaria para sua terra natal de montanhas coloridas, onde morreria de pneumonia.

— Dito, ontem eu o Lorenzo estávamos conversando... Você precisa cuidar da sua saúde, concorda?

O frágil irmão, ainda mais fragilizado pela enfermidade, chorou como uma criança.

Os primeiros casos registrados e descritos no mundo foram verificados no início daquela década nos Estados Unidos, onde as mortes deram-se em decorrência de algumas doenças, principalmente o sarcoma de Kaposi e a pneumonia. A maioria esmagadora dos pacientes era de homossexuais masculinos provenientes de grandes metrópoles norte-americanas, entre elas Nova York, Los Angeles e São Francisco.

Antes disso, em doze de dezembro de mil novecentos e setenta e sete, a médica e pesquisadora Margrethe P. Rask, falecera de uma doença que destruíra sua saúde muito rapidamente. A doutora estivera na África, estudando sobre o Ebola, quando começou a apresentar diversos sintomas estranhos para a sua idade. A autópsia revelou que os pulmões estavam repletos de micro-organismos, que ocasionaram um tipo de pneumonia. Contudo era sabido que ninguém morria em função disso. Assim, muitos pesquisadores afirmaram que a médica dinamarquesa, loura, de apenas 47 anos, teria sido a primeira vítima da terrível síndrome.

Imediatamente, David internou o irmão no mesmo hospital onde morrera seu sogro e onde nasceram seus filhos. Expeditum foi submetido a uma bateria de exames. O médico suspendeu a bebida e o cigarro, e iniciou uma superdieta alimentar.

Durante os quarenta dias em que Dito ficou internado, Facundo foi embora. Ele pediu dinheiro emprestado para David, comprou uma

SAN BARTOLOMEU

passagem só de ida para Buenos Aires e nunca mais retornou – nem ele, nem o dinheiro emprestado. E o pobre irmão de David, que tanto gostava do glamour da moda, das noites e das festas, começou a ver que a vida não era um mar de rosas.

Doente, sem amor, sem cigarro, sem o seu Martini e com as veias todas roxas, cheias de buracos causados pelas agulhas dos soros, só restou ao rapaz pedir um aparelhinho de som e ouvir suas músicas românticas preferidas. Dito adorava os cantores brasileiros que faziam grande sucesso na época: Biafra, Marcos Sabino, Renato Terra, Dalto e outros do gênero.

Mãe é mãe! E foi assim que Anahide deixou Saint Martin aos cuidados da filha Giovanna e da amiga Fanni, e ficou o tempo todo bajulando o menino que gostava de roupas cor-de-rosa.

Numa quarta-feira, dois de outubro de mil novecentos e oitenta e cinco, os veículos de imprensa mundo afora noticiavam a morte do grande ator norte-americano Rock Hudson. Na década de 1950, ele era o perfeito galã de Hollywood. Fortão e atlético, tinha um sorriso doce que demonstrava certa fragilidade. As mulheres amavam-no loucamente.

Em entrevista concedida após a morte do astro, um ex-namorado do ator conta que quando Hudson precisou de cuidados médicos em Paris, em julho de 1985, seu assessor foi autorizado pelo ator a revelar a sua verdadeira enfermidade.

O médico infectologista americano Michael Stuart Gottlieb foi o primeiro a identificar a nova doença e cuidou de Hudson. De acordo com o Dr. Stuart, as pessoas dividiram a doença em duas fases: antes e depois de Rock Hudson. Ele foi o paciente mais influente de todos.

O primeiro contato deu-se em 1984, quando o Dr. Gottlieb recebeu um telefonema de um médico de Beverly Hills sobre uma celebridade que estava doente e queria evitar publicidade.

Ao examinar Hudson, a primeira coisa que chamou a atenção foi a altura do ator, que media 1,93 cm. Depois veio o choque, devido às feridas do sarcoma de Kaposi, que cobriam o corpo do ator e o levaram ao diagnóstico. Infelizmente, não havia o que fazer. O ator até tentou realizar um tratamento experimental na França, mas não obteve resultados, e voltou para casa.

Nenhuma companhia aérea queria aceitá-lo como passageiro. A Air France cobrou 250 mil dólares para levá-lo para casa, sozinho, em um Boeing 747, com capacidade para 410 passageiros.

A enfermidade era tão estigmatizada que os doentes sentiam-se abandonados. Tudo o que eles queriam era um sinal de esperança, e ela veio com a declaração de Hudson. Foi o evento que iniciou no país americano a consciência dessa epidemia.

Rock Hudson morreu em casa. Antes disso, doou 250 mil dólares para a pesquisa da doença, e sua doação possibilitou a criação de uma das primeiras instituições de apoio à pesquisa e aos doentes. Justiça feita, a empreitada também teve o apoio importante da extraordinária atriz Elizabeth Taylor.

O segredo de que Hudson era gay foi guardado a sete chaves. A grande maioria dos fãs e, principalmente, das fãs, só soube de sua verdadeira opção sexual depois que o corpo do ator, quarenta quilos mais magro, foi sepultado.

Na tarde da mesma quarta-feira de vento irritante em Santa Clara, Expeditum, seu irmão David e a mãe Anahide abriram o envelope. O exame de sangue foi lacônico, fatal, inequívoco: Aids!

Todo mundo já imaginava, mas a verdade expressa secamente em quatro letras maiúsculas doeu fundo no coração daquela gente. Como sempre, depois da mãe, David foi quem sentiu o coração mais acabrunhado pelo fadário do irmão.

Capítulo XXXVII

Salve Santa Clara

David, embora fosse um homem de grandes posses, nunca havia participado de nenhum tipo de manifestação política, bem como tinha uma vida social bastante simples e reservada. A única atividade extraprofissional que levava a sério era o trabalho voluntário em prol da Santa Casa de Misericórdia de Santa Clara, que consumia boa parte de suas horas de folga.

Além dos negócios e das preocupações com a família, então agravadas com a doença do irmão, e das atividades na Santa Casa, seus lazeres restringiam-se à música, aos livros e aos jogos de futebol. Embora naquela época não existissem as transmissões via satélite, ele acompanhava a trajetória do Sport Clube Corinthians Paulista, equipe brasileira que, mesmo sem conhecer, aprendera a gostar desde a juventude e que, para a sua tristeza, até então, ao contrário de seus rivais, nunca vencera um campeonato em esfera nacional.

Tinha também, desde sempre, uma especial atenção e carinho por animais. David jamais teve coragem de enxotar sequer um sapo e vivia comprando salgados para cães e gatos abandonados. Mais tarde viria a ser o grande líder na defesa dos bichos em Santa Clara.

A política, por sua vez, nunca o seduziu.

No entanto, no final daquele ano de mil novecentos e oitenta e cinco, David recebeu em sua loja mais de uma dezena de jovens preocupados com um tema espinhoso.

O megaempresário santa clarense doutor Alejandro Ortega Aranguiz, em sociedade com uma empresa alemã, pretendia instalar uma usina nuclear a pouco mais de 70 quilômetros ao norte de Santa Clara, justamente numa área de mata preservada. Apesar da luta incansável do Ministério Público local, as terras já haviam sido compradas. Além disso, o governo da Província de Santa Clara e o Conselho Legislativo, motivados por presentes e em busca de prestígio político, cediam inertes a todas as vontades de Aranguiz.

Dessa forma, a garotada mais preocupada e consciente iniciou um trabalho de formiguinha, visando à conscientização dos caballeros do oeste sobre o perigo e os impactos que representava a implantação daqueles reatores encravados no meio do mato.

David ouviu atentamente a exposição dos jovens sobre as vantagens e as desvantagens da geração de energia nuclear. Apesar de leigo no assunto, impressionou-se com os aspectos negativos e com os riscos do empreendimento. E recordou aos jovens ativistas a catástrofe ocorrida na fábrica da empresa americana Union Carbide, em Bhopal, capital do estado indiano de Madhya Pradesh, havia exatamente um ano.

Na madrugada de três de dezembro de mil novecentos e oitenta e quatro, o planeta Terra assistiria ao mais terrível desastre industrial da história.

O mortal isocianato de metila, usado na produção de pesticidas, vazou de um enorme reservatório e, sob a forma de gás, foi acumulando na atmosfera até formar uma densa nuvem. Quando o problema foi detectado, o vazamento já durava 40 minutos. Como um manto, rapidamente a nuvem cobriu a cidade, que ainda dormia. As consequências foram catastróficas.

O gás, ao reagir com a água do corpo, atinge as narinas e os olhos e costuma cegar. Quando chega aos pulmões, a parada respiratória é letal. O saldo foi estapafúrdio: mais de 4 mil vidas ceifadas e outras 200 mil pessoas contaminadas, com problemas respiratórios, de cegueira e esterilidade.

Apesar de serem atividades diferentes, era ponto pacífico que acidentes e contaminações, quer sejam químicos, radioativos ou mesmo causados por guerras, sempre deixam marcas indeléveis na humanidade.

Logo após a conversa, David serviu lanches, cafés e refrigerantes para toda a rapaziada. Depois, juntos redigiram um manifesto apresentando todos os riscos e as desvantagens da fusão nuclear. No final do comunicado existiam alguns questionamentos:

"Amigos(as) caballeros(as)

Onde iremos armazenar os nossos resíduos nucleares para evitar a radioatividade?

Você imagina os riscos de acidentes na Central Nuclear?

Você sabe o custo da energia nuclear?

Você imagina o grau de exposição a que serão submetidos os funcionários da Usina?

Você realmente quer deixar essa herança para seus filhos?

Pense! O seu governo é a sua consciência!

SAN BARTOLOMEU

No dia seguinte, David mandou imprimir 50 mil exemplares do manifesto e entregou para os jovens distribuírem na cidade. Em pouco tempo, a comunidade tomou consciência do risco do empreendimento. Apesar de todos os esforços governamentais, propagandas em jornais e dinheiro gasto pelos interessados, o jornalzinho idealizado por David surtiu um efeito contrário e devastador junto à opinião pública, que se rebelou contra o projeto.

Se a maioria da população de Santa Clara já rejeitava a ideia da malfadada usina nuclear e o governo da Província de Santa Clara, enfraquecido, também dava mostras de que o projeto não sairia do papel, no dia vinte e seis de abril de mil novecentos e oitenta e seis, uma catástrofe nuclear abalaria o mundo, sepultando de vez a construção da Usina Aranguiz.

Naquele sábado a usina nuclear de Chernobyl, composta por quatro reatores, localizada na cidade de Pripyat, na Ucrânia, que fazia parte da extinta União Soviética, foi o cenário do maior acidente nuclear da história.

Tudo começou quando um dos reatores explodiu, ocasionando diversas reações em cadeia. Imediatamente, a potência e a temperatura do reator subiram, causando novas explosões, que geraram ainda mais energia para as reações. A entrada de oxigênio piorou o processo de combustão, contribuindo para que a radiação fosse espalhada.

No final da história, o governo comunista apresentou um saldo em torno de 15 mil vítimas fatais, embora muitas organizações contestem esse número – algumas afirmam que o prejuízo humanitário chegou a 80 mil mortes.

A usina foi desativada e Pripyat tornou-se uma cidade fantasma, que ainda está sob efeito radioativo. O reator número quatro encontra-se em um "sarcófago" de concreto e aço.

A discreta participação do empresário David na causa ecológica que impediu a instalação da Usina Nuclear em Santa Clara, embora tenha despertado a ira dos interessados, acabou por torná-lo conhecido e respeitado em seus pronunciamentos sobre a defesa dos animais e do meio ambiente. Desde então, David teve seu nome cogitado para ser candidato a prefeito de Santa Clara pelo PEC – Partido Ecológico de Caballa, mas ele nunca viu com bons olhos a investida política. Lembrava-se do velho sheik: "David, fuja do poder, fuja da vaidade. São valores pequenos demais para consumir nosso precioso tempo".

No ano seguinte, precisamente em setembro de mil, novecentos e oitenta e sete, aconteceria um novo acidente radiológico, dessa vez na cidade de Goiânia, no Brasil, onde um vazamento do metal césio-137 causaria enorme comoção mundial, com inúmeras mortes e contaminações. Os danos físicos e psíquicos das vítimas pobres e incultas jamais foram reparados pelo governo brasileiro.

Depois desse novo e chocante acontecimento no país, o governo e o Conselho Legislativo de Santa Clara promulgaram uma lei proibindo a instalação de usinas nucleares na Província. A lei ficou conhecida como "Lei David Larrosa".

Passado algum tempo, o empresário Alejandro Aranguiz encontrou-se com David num restaurante e com o dedo em riste disparou-lhe ofensas de baixo calão. Gabriel, que acompanhava o irmão, exaltou-se e logo pensou em dar uns tapas naquele riquinho mal-educado. David conteve-o calmamente, levantou-se da mesa e ainda teve humildade para se desculpar.

— Dom Alejandro, me desculpe se atrapalhei seus negócios. Não leve para o lado pessoal. Em tempo, se me permite, nós temos grandes recursos hídricos e estamos precisando de energia. Que tal o senhor construir uma usina hidrelétrica? Pense com carinho.

O megaempresário corou de vergonha com a resposta cordata, precisa e construtiva do seu antigo oponente.

— Me perdoe pela grosseria, senhor Larrosa. Prometo que irei analisar sua sugestão com carinho.

— Não há o que perdoar, doutor. O senhor apenas estava chateado comigo e desabafou. Não podemos nos abalar com pequenas desavenças.

Depois disso, trocaram cartões e apertos de mão.

Alguns dias se passaram e o telefone de David tocou. Uma voz feminina falava em nome do presidente do Grupo Ortega Aranguiz. O doutor Alejandro queria marcar uma reunião com David. Com o tempo, eles tornaram-se grandes amigos, além de sócios em alguns empreendimentos.

Uma década depois, a população de Santa Clara assistia à inauguração, no mesmo ano, de seu primeiro shopping center e de uma usina hidrelétrica – ambas construídas pelo Consórcio Aranguiz-Saint Martin, que viria a ser a maior construtora daquele país.

Capítulo XXXVIII

Cuida bem dele, vô

Após a alta do hospital, Expeditum e a mãe Anahide foram para Saint Martin. Lá ele foi paparicado durante um bom tempo pelos pais, pela irmã Giovanna e pela madrinha Fanni, que amava aquele menino como se fosse seu filho.

Assim, após abandonar o cigarro, a bebida e as noitadas, e sob tantos cuidados, zelos e mimos, Dito teve uma boa melhora. Ganhou peso e as coisas pareciam que voltariam ao normal.

Todavia, passado um tempo, no início do ano seguinte ele inventou que tinha que ir para aquele fim de mundo, perto da Bolívia, distante quase dois mil quilômetros da capital do Tango. Queria ver o namorado louro, a distância transformou o ódio em saudade.

David não quis ir com o irmão, mas pagou as passagens para Dito, e um funcionário da sua empresa, que estava de férias, obviamente aceitou o passeio, com a incumbência de cuidar do irmão do patrão.

Embarcaram num avião em Santa Clara com destino a Madrid. Depois, outro voo para São Paulo. Na capital paulista fizeram uma parada – Expeditum queria porque queria assistir um show de seu grande ídolo. Foi ao show, cantou, chorou de emoção e tirou foto com Marquinhos Moura. Então um voo até Assunção, no Paraguai, e de lá um novo voo, dessa vez em um avião menor, até São Miguel de Tucumán. De lá, um táxi até Humahuaca, terra de Facundo.

Embora Dito tivesse uma boa situação financeira, David fez questão de pagar tudo. Afinal, sabia que poderia não ter o irmão por muito tempo.

Localizaram rapidamente o endereço de Facundo, ou melhor, o endereço da família do rapaz. Ele já não estava mais neste plano. A terrível Síndrome da Imunodeficiência Adquirida havia ceifado precocemente os sonhos do argentino que Expeditum tanto amava.

No mesmo dia, o irmão de David abraçou a família do falecido namorado, entregou mil dólares americanos para aquela mãe, pobre mãe. Depois, pegou algumas flores no jardim da casa, levou ao cemitério, colocou sobre o túmulo do amado e chorou – chorou muito.

Voltaram no mesmo táxi, com destino à capital portenha. No "Aeropuerto Internacional Ministro Juan Pistarini", mais conhecido por Aeroporto Internacional de Ezeiza, ao sul de Buenos Aires, Expeditum, brega como sempre foi, enxergou a cantora argentina Julia Graciela por trás de um vidro. Não resistiu e rompeu barreiras atrás de um autógrafo

A cantora estava no auge. Construíra uma carreira exitosa em toda a América Latina. No ano de mil novecentos e oitenta e três, na Colômbia, chegou a vender mais de 200 mil cópias de seu álbum *La Canción Del Te Quiero*.

Apesar de toda a fama, a artista argentina foi extremamente gentil e até cantou com o fã um pedacinho da música "Anúncio de jornal", que fizera enorme sucesso no início daquela década.

Buenos Aires – Madrid – Santa Clara. Dito estava de volta. Deprimido, mas, sobretudo, querendo viver.

Como querer não é poder, as bruscas mudanças climáticas às quais o rapaz fora submetido, saindo do inverno gelado do Hemisfério Norte, passando pelo calor insuportável de São Paulo e Assunção e voltando para as montanhas nevadas de Saint Martin custaram caro, muito caro para a saúde do irmão de David. O pobrezinho definhou com a doença. Os tratamentos, ainda incipientes, poucos resultados traziam.

David e o pai Julio Alphonso, que juntos somavam uma das maiores fortunas de Caballa, queriam levar o menino magricela para Nova Iorque, Londres, Berlim – qualquer lugar em que o dinheiro pudesse comprar a vida. David lembrou-se até do irmão Rafael. Quem sabe um curandeiro indígena no coração da Amazônia pudesse resolver.

Não tiveram sucesso. Após dez meses de luta, precisamente na véspera de Natal do ano de mil novecentos e oitenta e seis, debaixo de uma neve espessa, David e seu cunhado Javier chegaram ao Hospital de Santa Clara para ver o irmão.

O quarto tinha um ar de paz. Dito estava quietinho, gelado, inerte. David aproximou-se, retirou de seus ouvidos um fone, daqueles grandes, iguais aos dos repórteres de rádio dos anos 80. Ainda tocava uma música. David jamais se esqueceu:

"♪ *Fica comigo, meu mel, tira o adeus das mãos* ♪".

Se o Natal de mil novecentos e oitenta e um foi uma festa inesquecível na casa dos pais de David, o de oitenta e seis foi uma tragédia.

O velório foi chocante. Saint Martin inteira chorou quando, por volta de 10h de um dia branco de neve, chegou à cidade um carro preto, de vidros escuros.

Daquele carro desceu um motorista, também de óculos escuros, que entregou para Anahide, Julio Alphonso e Giovanna um presente de Natal fúnebre: um caixão escuro e lacrado. Dentro do caixão, vestido num terninho de cor salmão, estava o pequeno Expeditum, pesando trinta e poucos quilos

Fanni, a madrinha, precisou ser medicada. No mesmo dia, por volta das 17h, o túmulo da família, que já recebera o corpo da vó Giocconda e do vô Josué, agora abrigaria um novo membro da família.

O antigo, mas bem conservado mausoléu, construído havia várias décadas em estilo *art déco*, possuía três gavetas para sepultamento. A do meio tinha uma placa de bronze, feita por encomenda, do pai de David, e nela escrito:

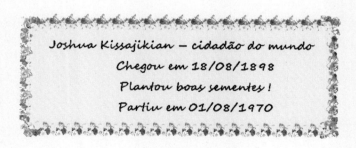

Joshua Kissajikian — cidadão do mundo
Chegou em 18/08/1898
Plantou boas sementes!
Partiu em 01/08/1970

"Vô, eu fiz o que pude, mas fracassei. Agora você cuida bem do Dito", orou em pensamentos o seu neto mais especial.

Depois foram todos para a casa e, como sempre, foi David que amparou a todos.

— Pai, mãe, Gi, Fanni e León, a vontade do Universo tem que ser cumprida. O Expeditum fez a parte dele. Se ele foi embora cedo é porque assim tinha que ser. Fanni, a nossa fé em Deus tem que acontecer nos momentos bons e nos momentos de perda.

No outro dia, David levou a mãe, Anahide, a irmã, Giovanna, e Fanni para passear e fazer compras em Musgravite. Fanni não se cansava de elogiar a bondade do rapaz.

— Que orgulho do seu filho, Ana!

Quando retornou a Saint Martin, Anahide recebeu a visita de um funcionário do cemitério da cidade.

— Dona Ana, na última vez em que o Expeditum esteve aqui em Saint Martin, ele foi ao cemitério e ficou um bom tempo contemplando o mausoléu da sua família. Na hora que estava indo embora, ele me deu um envelope, explicou que estava com a saúde abalada e me pediu para caso ele falecesse, que eu lhe entregasse. Estou cumprindo o pedido dele. Desejo muita força e fé para que a senhora e a família consigam conviver com a perda.

Anahide convidou Fanni e Giovanna para juntas abrirem o envelope. Melhor não o fizessem, o bilhete era só tristeza:

Mamãe, madrinha Fanni e Gi, as mulheres de minha vida...

Nesse momento em que vocês estão lendo esse bilhete eu já não estou mais aqui, né?

Primeiramente, mamãe, eu queria deixar claro para você, para o papai e para meus irmãos que eu não escolhi ser homossexual, muito ao contrário... O mundo me escolheu para carregar esse fardo.

Foram tantos insultos, tanta vergonha, tanto sofrimento.

Marica, menininha, florzinha...

Viadinho não joga futebol com a gente...

E eu nunca pude fazer nada para me livrar desse carma, mas o enfrentei, fui uma pessoa honrada, de caráter, ajudei quem eu pude e jamais prejudiquei alguém, e isso, para mim, basta. Aguentei calado, cresci, amei e venci.

O sofrimento físico pelo qual passei também foi grande, mas penso que o mundo tem uma história de luta, de sofrimento e talvez de recompensa.

Espero que a minha recompensa esteja no Céu. Num Céu que não tenha homens, mulheres, nem gays, nem lésbicas, nem preto, nem branco, nem bonito, nem feio, nem rico, nem pobre...

SAN BARTOLOMEU

Espero que o Céu seja um lugar onde as pessoas se amem e se respeitem e que nunca façam para o outro aquilo que não gostariam que fizessem para si.

Mãe, por favor, doe todos os meus pertences para pessoas necessitadas. Apenas o meu ursão de pelúcia, aquele que ganhei da Fanni, gostaria que ficasse para a Giovanna.

Em tempo, peça para o David cuidar bem do meu cavalo e para ele construir um hotel, um local para receber cavalos idosos. Diz pra ele que esse era um sonho meu desde criança.

Te amo, mãe. Até um dia... Quem sabe?

Dito

Alguns dias se passaram e uma alegria veio para a família, em formato de bebê. No dia três de janeiro, exatos doze dias após o último respiro de Dito, Lorenzo e Esther estavam radiantes com a chegada do pequeno David Gabriel.

Algum tempo depois, David e Ada foram os padrinhos de batismo do moleque. A festa reuniu todo mundo. Anahide e dona Lolla acabaram ficando boas amigas. Se o menino recém-nascido não conheceu a avó paterna – a já falecida mãe de Lorenzo –, acabou tendo na figura de Anahide a segunda avó.

Capítulo XXXIX

O mundo é uma aldeia

Com o sucesso empresarial e financeiro, a família e, principalmente, os filhos de David e Ada, os gêmeos Yerevan e Zahedan e a menina Sophia sempre tiveram acesso ao que havia de melhor em matéria de escolas, esportes, roupas, acessórios, eletroeletrônicos, escolinha de idiomas e esportivas, piano e outras tantas coisas. Mesmo assim, os dois meninos viviam reclamando da monotonia daquele estilo de vida provinciano da Ilha de Caballa. A juventude estava inquieta com a globalização que se descortinava. Queriam conhecer o mundo lá fora.

O planeta Terra nasceu pequeno na ótica dos homens.

De acordo com os historiadores, a primeira aldeia do mundo foi Quish, construída entre os rios Tigres e Eufrates – atualmente Iraque –, entre os anos quatro mil e quinhentos a três mil e setecentos antes de Cristo. Era a civilização Suméria. Depois disso, o mundo foi "crescendo": Oriente Médio, Ásia, civilizações egípcia e grega, Império Romano, Europa, grandes navegações, América, Oceania e assim por diante.

Com as descobertas territoriais tudo ficou mais distante, mais moroso. No ano de mil oitocentos e oito, um navio demorava de dois a três meses para cruzar o Atlântico de Portugal até o Brasil. Mas, de repente, o homem começou a encurtar as distâncias: automóvel, telefone, avião, rádio AM, FM, televisão, fax. Até que, a partir do ano de mil novecentos e oitenta e dois, pouco mais de uma década após a invenção da "Arpanet" pelos americanos, o seu uso, inicialmente restrito aos EUA, expandiu-se para países como Holanda, Dinamarca e Suécia.

Desde então difundiu-se o nome Internet, até que, no final da década, precisamente em doze de março de mil novecentos e oitenta e nove, o professor e pesquisador britânico Tim Berners-Lee, cientista do CERN (Conseil Européen pour la Recherche Nucléaire), apresentou um protocolo descrevendo a transferência digital de hipertextos. A teoria estava pronta.

Pouco tempo depois seria criada a WWW, ou seja, a World Wide Web, que permitiu a comunicação e o compartilhamento de dados mundo afora.

Também foi o doutor Berners-Lee que, dentro de um escritório do edifício número 31 do Laboratório Europeu de Física de Partículas (CERN), próximo à Genebra, na Suíça, desenvolveu outras duas ferramentas indispensáveis para a Internet: o código HTML e o protocolo HTTP.

A partir de então, com o advento da rede mundial de computadores, o mundo, grande como tal, voltaria a ser uma aldeia. As barreiras, as distâncias e os muros foram caindo. Um deles, famoso mundialmente, seria posto ao chão... literalmente.

Numa quinta-feira, nove de novembro de mil novecentos e oitenta e nove, alemães ocidentais e alemães orientais, mas, sobretudo, alemães, munidos de machados, martelos e marretas, puseram abaixo várias partes do longo muro que dividia a cidade de Berlim, num gesto que clamava por liberdade.

Agora o vô Joshua, tão traumatizado pelas guerras, poderia ficar tranquilo. A derrubada daquele muro horroroso enterrava simbolicamente a já agonizante Guerra Fria. Pouco tempo depois, a Alemanha seria unificada, para alívio do lado comunista, pobre, atrasado e faminto.

No ano seguinte, os gêmeos Yerevan e Zahedan completariam 18 anos. Apesar de ser um pai presente e ter, como tinha com todo mundo, uma boa relação com os filhos, David andava chateado com as constantes reclamações dos meninos.

Embora o casamento e a vida conjugal de David e Ada tenham se arrastado de maneira sofrível, é bem verdade que ambos cuidaram e estimaram os filhos de maneira exemplar.

Sophia era uma menina calma e compreensiva. Os gêmeos Yerevan e Zahedan também nunca causaram problemas. Porém naquela fase final da adolescência eles realmente estavam chatos. Viviam reclamando de tudo, nada estava bom, queriam ir embora daquela cidade. Um sonhava com o Canadá, o outro vivia falando em ser veterinário na Austrália.

Num dia desses, comum como qualquer outro, vendo as reclamações dos dois meninos insatisfeitos com o mundo, David retirou de seu baú uma das cartas que recebera de seu avô, o velho sheik. Pediu aos filhos para que lessem um pouco da história do bisavô.

SAN BARTOLOMEU

Saint Martin, 19 de maio de 1968.

Olá, meu querido neto. Parabéns pelos 17 anos. Acho que você já se acostumou com os depósitos de aniversário e, também, com minhas bobas filosofias.

Assim, já que, segundo Exupéry, somos responsáveis por aquilo que cativamos, segue junto ao seu presente (em dinheiro) e abaixo mais um relato da minha experiência de vida:

Nas cartas passadas eu lhe falei sobre valores materiais e sobre família. Agora vou transcrever a você a minha humilde opinião sobre os valores espirituais e morais que, obviamente, transcendem a nossa existência terrena.

Esses dias eu ouvi você reclamando para o Lorenzo sobre a chatice da vida dos jovens aqui em Saint Martin. Então vou contar um pedaço da minha vida, exatamente quando eu tinha 17 anos, como você tem hoje.

No início do século XX, o Império Turco-Otomano controlava com mãos de ferro uma enorme região, que ia desde a Cordilheira do Cáucaso, onde atualmente ficam a Geórgia, a Armênia e o Azerbaijão, passando pelos, Bálcãs, Península da Arábia e boa parte do Oriente Médio.

A Armênia, minha terra Natal, indispôs-se contra os turcos. Muitos se uniram aos russos, inimigos históricos do Império Turco-Otomano, e o governo turco alegou alta traição, instituindo um programa sistemático de morte contra a população armênia.

Assim, um genocídio foi autorizado pelo sultão Abdul-Hamid II e organizado pelo primeiro-ministro, Mehmet Talaat. A estratégia consistia em convocar os soldados armênios para a guerra e deixar as cidades e vilas desprotegidas, ao passo que no front de batalha, os armênios apenas serviam para cavar trincheiras, sendo logo exterminados pelos soldados turcos.

Logo a seguir, ocorria a remoção da população das cidades, provocando enormes ondas migratórias em direção a campos de concentração no deserto de Deiral-Zor. A justificativa dada para a evacuação dos armênios era uma suposta ofensiva da Tríplice Entente.

À medida que a população, em sua maioria mulheres, anciãos e crianças, vagava em direção aos campos no deserto, alguns já morriam no caminho, de fome, sede e frio. As mulheres sofriam abusos sexuais e eram vendidas como escravas, as crianças eram encaixotadas vivas e atiradas nas águas do Mar Negro. Os padres eram queimados e amarrados em cruzes, como Jesus. As grávidas tinham os fetos arrancados dos ventres, jogados para o ar e cortados ao meio com a espada.

Esse tipo de atrocidade tornou-se intenso entre os anos de 1915 e 1918. Com o fim da guerra, a Armênia foi anexada à URSS. Entretanto a população de armênios que conseguiu voltar para as regiões centrais da Turquia foi novamente alvo de ataques dos turcos.

Num dia comum de inverno do ano de 1914, meu pai e meu tio, que trabalhavam criando cabras e ovelhas na propriedade da família, próxima a Yerevan, foram "convocados" para a guerra e jamais voltaram.

Pouco tempo depois, ao chegar da escola não encontrei minha mãe, que estava grávida do quarto filho. Com ela e minha tia foram levados meus dois irmãos menores e um primo. Desesperado, peguei as economias que minha mãe escondia e paguei uma taxa para fugir com um mercador até Tabriz, no Irã. De lá fui pra Teerã, depois Zahedan, onde fiz morada.

Sobre meus pais, irmãos, tios e primo, até hoje, infelizmente, não obtive notícias.

Meu querido neto, eu não sou nenhum estudioso, tampouco um religioso assíduo, mas não é preciso ser grande observador nem filósofo para desconfiarmos que existem outras formas ou outros estágios de evolução dos seres vivos no Universo.

Se assim não fosse, qual seria a lógica da minha existência de tanto sofrimento?

Te amo!

Vô Joshua

Após a leitura da carta em papel amarelado, os meninos entreolharam-se num misto de perplexidade, tristeza e vergonha de tanto reclamarem de barriga cheia. Porém, mesmo assim, mantiveram o descontentamento com a vida em Santa Clara. No final daquele ano, os dois, tal qual David e Gabriel, chamaram pai e mãe para uma conversa.

SAN BARTOLOMEU

— Gente, eu quero conhecer o Canadá e o Zahedan quer conhecer a Austrália. Nós já completamos a maioridade e falamos inglês fluentemente. Assim sendo, gostaríamos de pedir autorização para a mãe e apoio financeiro para o pai.

— É isso mesmo, Zá? – respondeu e perguntou na mesma frase a mãe.

— É isso, mãe. A gente queria conhecer o mundo lá fora.

Como David, seus dois filhos viraram passarinhos e voaram.

Yerevan, fissurado por informática, chegou, gostou, estudou, casou e nunca mais saiu de Edmonton, capital da Província de Alberta, no Canadá.

Zahedan, que gostava de veterinária, foi mesmo para a Austrália. Depois de concluir o ensino superior, a convite de um fazendeiro instalou-se e criou raízes na minúscula cidade de Barcaldine, no estado de Queensland. E lá fez a vida.

Os dois, que tanto reclamavam da pasmaceira da terra natal, paradoxalmente encontraram na rotina, a paz.

Agora a enorme casa de David começava a ficar cada vez maior e abrigava apenas o casal, dona Antonia, com sua mania de morte, e os três que faziam a alegria da casa, ou seja, a doçura da linda Sophia, o afeto do especialíssimo cunhado Javier e as brincadeiras de Tupac, aquele bobalhão. Santiago, o outro cunhado, há tempos partira para a capital e raramente mandava notícias.

Quando David deixou a casa dos pais, não fazia ideia da saudade que deixaria para trás. Agora, descobrira o doce amargor de ver os filhos criando asas.

Capítulo XL

O pacificador

No dia dezenove de maio de mil novecentos e noventa e um, David, que nem se recordava que naquele domingo estaria completando 40 anos, teve a grata surpresa de ver todo mundo reunido – amigos, funcionários e parentes – para uma festa surpresa organizada por Lorenzo, Sophia e Javier.

Viajaram para Santa Clara os pais, Giovanna, Leon, Fanni, Jeremias, Inês e Julio Cesar. Faltaram, além do vô, do doutor Narciso, da Náhima e do Dito, apenas os meninos Yerevan e Zahedan, que estavam há muitos quilômetros de distância, assim como o irmão Rafael, que recentemente havia enviado um cartão postal com a foto de um grande mercado da cidade de Belém – não aquela que Jesus nasceu, mas a capital do estado do Pará.

A festa, realizada num clube de campo, foi linda e atravessou o dia. No final, depois dos parabéns, Sophia sentou-se à frente de um piano, que provavelmente só enfeitava a sala de eventos, e tocou algumas músicas de sua escolha, entre elas "Clair de Lune". Depois lembrou-se de uma canção que o pai sempre ouvia e com suas mãozinhas pequenas e talentosas fez ecoar pela sala a música "Wuthering Heights". Foi o suficiente para David recordar-se de seu amor platônico que, com certeza, assombraria seu coração por toda a vida.

Depois da morte de Expeditum, na véspera de Natal do ano de mil novecentos e oitenta e seis, os finais de ano da família Larrosa, em Saint Martin, nunca mais seriam os mesmos. A graça acabou, principalmente para aquelas três mulheres que tanto amaram o menino de vida errante.

No final daquele ano completar-se-iam cinco anos da perda precoce do rapaz que adorava roupas coloridas. Se normalmente as lembranças do irmão aconteciam próximas à data de sua morte, dessa vez um fato ocorrido exatamente um mês antes do aniversário de morte do irmão antecipou o sofrimento de David.

Na noite de terça-feira, vinte e quatro de novembro de mil novecentos e noventa e um morria em sua casa, no bairro de Kesington, em Londres, aos 45 anos, no auge da fama, o lendário cantor Farrokh Bulsara.

Nascido na Ilha Zanzibar na Tanzânia, país localizado no leste do continente africano, Bulsara seria educado numa escola inglesa de Mumbai, na Índia, e aos 18 anos mudar-se-ia com a família para a terra da rainha. Na Inglaterra, mudaria também seu nome e faria uma carreira de enorme sucesso mundial com sua voz incomparável.

A causa da morte de Freddie Mercury ainda assombrava David e toda sua família. O cantor de bigode espesso tal qual o de Jeremias, havia morrido de AIDS.

SAN BARTOLOMEU

Se no primeiro ano da década de 90 os gêmeos partiram em busca de novos horizontes, dois anos depois seria a vez de Sophia partir para o Brasil.

Em janeiro de mil novecentos e noventa e dois, a menina Sophia, em companhia da mãe, partiu para o Hemisfério Sul e instalou-se no interior do estado de São Paulo, onde permaneceria vários anos, estudando a língua portuguesa e cursando a excelente Faculdade de Medicina de Botucatu.

Os três filhos de David foram batizados com nomes de cidade, Yerevan – capital da Armênia, terra natal do vô Joshua; Zahedan – cidade localizada no Irã, onde o avô havia morado e feito fortuna; e finalmente Sophia – que deriva da capital búlgara, Sófia.

Parece até que o pai, ao batizar as crianças com nomes de lugares tão exóticos e distantes, já antevia que os filhos iriam para longe. E então, aos 40 anos, David via sua vida cada vez mais desequilibrada.

Rico, cada vez mais rico... Solitário, cada vez mais só. Restou ao jovem empresário a companhia dos irmãos Gabriel e Esther e de seus cunhados, Louise e Lorenzo, além, é claro, de Javier, que dedicava sua vida para ajudar e agradar o cunhado.

Nos seis meses em que Ada ficou com Sophia no Brasil, David pensou em viajar para a Europa. Tentaria localizar Tina, mas o medo de encontrá-la casada assim como ele, aterrorizou o homem.

Tina seria o seu amor platônico, o Universo assim quis. Nada iria alterar aquela realidade nua, crua e imutável de viver décadas sonhando em beijar, sentir o cheiro doce daquele cabelo e, finalmente, casar-se com a espanholinha.

Assim, sem sentir a mínima falta da presença insossa da esposa, David, que não gostava de tênis, nem de golfe, nem de noitadas, começou a aumentar sua participação na vida pública de sua cidade. Além dos trabalhos prestados junto à Santa Casa de Santa Clara e atuar como representante das empresas locais, foi convidado e passou a fazer parte de um conselho gestor que atuava junto ao Poder Executivo do município.

Foi por meio desse conselho e das boas ideias de David que Santa Clara implantou vários programas, como coleta seletiva e programa de reciclagem de lixo e resíduos, construção de ciclovias, programa de esclarecimentos sobre a posse responsável de animais, construção de centro de recepção, castração e controle de zoonoses para cães e gatos. Também foram criadas campanhas de incentivo à doação de sangue, programas de esclarecimento e de prevenção de doenças sexualmente transmissíveis, combate ao tabagismo e implantação de um programa maciço de combate ao *bullying* nas escolas.

Foram coisas simples, de baixo custo, que melhoraram a qualidade de vida da população e ajudaram o então prefeito de Santa Clara e sócio de David, Alejandro Aranguiz, a alçar voos maiores na política.

Mas foi a partir do ano de mil novecentos e noventa e quatro que David viu-se envolvido até o pescoço numa causa difícil, renhida, nervosa: o separatismo.

A Europa entrou em convulsão, as fronteiras mudaram e os cartógrafos ganharam muito trabalho quando grandes países foram fatiados tal qual pedaços de carne para o estrogonofe.

No ano de mil novecentos e oitenta e nove, o muro de Berlim foi para o chão. Pouco mais de dois anos, um dia depois do Natal de mil novecentos e noventa e dois, o império comunista, a URSS - União das Repúblicas Socialistas, quedou-se inerte ao desmanche. Falaciosa e falida, a gigantesca nação gelada, tal qual o famoso prato lá inventado, virou picadinho, transformando-se em 15 novos países.

Nessa mesma época, no último dia daquele ano, seria a vez da antiga Tchecoslováquia ver o seu território repartido em dois, pela pacífica convenção do famoso Divórcio de Veludo. A República Tcheca, com 10 milhões de pessoas, abocanhou 60% do território – os outros 40% de terra, com mais de 5 milhões de vidas humanas, transformaram-se na Eslováquia.

Se na terra do grande escritor Franz Kafka a separação foi pacífica, de veludo e não precisou de um disparo de armas de fogo, na Iugoslávia, um pouco mais ao sul, o sangue esparramou-se pelas aldeias.

Com a morte do marechal Josip Broz Tito, o fundador da Iugoslávia comunista, ocorrida no ano de mil novecentos e oitenta, os seus sucessores não conseguiram manter o país em equilíbrio e igualdade entre as diversas culturas, etnias e, sobretudo, religiões que formavam o bloco.

A grande nação dos Bálcãs – palavra derivada da língua turca, que significa "montanha" – passou, entre os anos de mil novecentos e noventa e um a dois mil e um, por uma década pavorosa. Foram nove enfrentamentos armados envolvendo todas as seis repúblicas e as duas unidades autônomas da antiga Iugoslávia.

SAN BARTOLOMEU

O saldo final foi chocante, absurdo: aproximadamente, 140 mil vidas ceifadas, outra centena de milhares de desaparecidos e pelo menos 2,2 milhões de refugiados.

A Ilha de Caballa, que fora colonizada por espanhóis, era dividida em apenas três grandes províncias: a capital, localizada na parte leste, mais próxima ao continente europeu; a província central, cuja principal cidade era Musgravite; e Santa Clara, a mais rica e produtiva, cuja população sempre reclamava de trabalhar e enviar dinheiro para os luxos da capital.

Com o recrudescimento do separatismo por toda a Europa e com a velocidade das informações numa era de intensa globalização, pequenos grupos armados surgiram, primeiro em pequenas vilas pobres do oeste, no caminho entre Musgravite e Santa Clara. Panfletos separatistas, alguns assaltos, descarrilamento de trens, e muita gente gostando do movimento.

Depois foi a vez do prefeito da cidade de Órion, um político carismático e populista que, amparado com a ajuda financeira e militar do leste europeu, abraçou a causa separatista.

Naquela primeira metade da década de 90, Santa Clara tinha pessoas sérias à frente de sua gestão pública, mas o povo estava propenso a também retalhar a ilha em dois pedaços. O leste ficaria para os indolentes da capital e o oeste ficaria para os empreendedores e trabalhadores, que sempre produziram o sustento do país.

David, como membro do conselho gestor da municipalidade de Santa Clara, empresário de ampla visão, possuidor de vários negócios no país, com parte da família residindo em Saint Martin, anteviu que uma eventual separação não seria de veludo.

Os espanhóis não aceitam desaforos e o palco da guerra seria justamente a região central de Musgravite, que não tinha nada a ver com aquela rusga entre leste e oeste.

Com o apoio do comércio e das escolas de Santa Clara, tal qual havia feito para evitar a construção da usina nuclear, David iniciou um trabalho de formiguinha, de conscientização, e durante quatro anos praticamente abdicou de sua vida pessoal, percorrendo e visitando todas as cidades da ilha, afirmando a necessidade de união e paz, sendo hostilizado em alguns locais, mas bem-sucedido na esmagadora maioria das vezes.

No início do mês de abril do ano de mil novecentos e noventa e quatro, enquanto almoçava com lideranças políticas da próspera cidade de Torremolinos, batizada em óbvia homenagem à cidade espanhola de mesmo nome, David tomou conhecimento da notícia de nova morte trágica de um de seus cantores prediletos.

No dia 5 daquele mês, numa terça-feira cinzenta, a cidade de Seattle, localizada no extremo noroeste dos EUA, seria o palco de um suicídio que abalaria o mundo da música. Num ato pensado e repensado, o talentoso e belo cantor americano Kurt Donald Cobain, vocalista da Banda Nirvana, com uma espingarda, colocaria fim à própria existência.

Três dias depois, o corpo seria encontrado em uma sala ao lado da garagem, em sua casa, próxima ao Lago Washington. Além do corpo, um vaso de flores e uma nota de suicídio, cuja parte final dava a dimensão daquela existência triste e depressiva:

"Eu tive muito, muito mesmo, e eu sou grato por isso. Mas desde os 7 anos passei a ter ódio de todos os humanos em geral. Apenas porque parece tão fácil para as pessoas que têm empatia se darem bem. Apenas porque eu amo e lamento demais pelas pessoas, eu acho.

Obrigado do fundo do meu ardente e nauseado estômago por suas cartas e preocupação nestes últimos anos. Eu sou um bebê errático e triste! Eu não tenho mais a paixão. Por isso lembre-se, é melhor queimar de vez do que se apagar aos poucos.

Paz, amor, empatia".

Kurt Cobain morreu. A idade? Vinte e sete anos, como sempre.

Nessas horas, a frase do avô era regra na memória de David. "Se droga fosse coisa boa, não teria esse nome".

A Banda Nirvana acabou, a música continuou. A luta de David pela pacificação também seguiu país afora. Foram mais dois anos de viagem conhecendo cada portal das cidades caballeras.

O grande acordo de paz, a grande "concertacion", ocorreria em uma reunião no final do ano de mil novecentos e noventa e seis, com a presença maciça de inúmeros alcaides, parlamentares, dos três governadores e do primeiro-ministro – além de membros do Judiciário, da imprensa e autoridades convidadas. A negociação, realizada num clube de campo próximo à cidade de Órion, duraria vários dias.

Na abertura do evento, os organizadores apresentaram um vídeo com imagens da guerra entre bósnios muçulmanos e sérvios. Na verdade,

SAN BARTOLOMEU

aquelas imagens não eram de uma guerra, mas de um genocídio. O Massacre de Srebrenica, cidade montanhosa, localizada a leste da Bósnia, na zona fronteiriça com a Sérvia, consistiu no assassinato de milhares de bósnios muçulmanos.

Naquele sangrento dia onze de julho de mil novecentos e noventa e cinco, o exército sérvio da Bósnia, sob o comando do general Ratko Mladic, conhecido como açougueiro dos Bálcãs, ajudado por um grupo paramilitar sérvio conhecido como "Os Escorpiões", invadiu a região previamente declarada como segura pelas Nações Unidas e chacinaram 8.373 almas, compostas basicamente por civis. Foi o maior assassinato em massa na Europa desde a Segunda Guerra Mundial.

Srebrenica localiza-se a pouco mais de três mil quilômetros da Armênia, separadas pelo Mar Negro. O genocídio ocorrido no torrão natal do vô Joshua estava completando oitenta anos.

Quem imaginaria que em plena era da globalização, o mundo, inerte, deparar-se-ia novamente com um rio de sangue. Sangue de meninos, mulheres e idosos.

Três mil quilômetros e oitenta anos não foram suficientes para curar a loucura dos homens.

No final do vídeo havia uma foto retirada na cidade da Bósnia, contendo centenas de caixões simetricamente dispostos e uma pergunta: "Você deseja isso para o nosso povo?".

No encerramento das discussões ainda foi apresentado um clipe com a música "Miss Sarajevo", interpretada nas vozes mágicas do cantor irlandês Paul David Hewson, também conhecido por Bono Vox, e do tenor italiano Luciano Pavarotti. No final da canção, David recordou-se de seu grande amor.

> "♫ *Você diz que assim como o rio*
> *Assim como o rio*
> *O amor virá... O amor*
> *E eu não consigo mais rezar*
> *E eu não consigo mais ter esperança no amor*
> *E eu não consigo mais esperar pelo amor* ♪".

Após várias rodadas de negociação, o grande impasse com relação ao processo de paz em Caballa girava em torno da capital política. Santa Clara exigia a mudança, mas a própria capital, por sua vez, não aceitava a transferência para o oeste. Após discussões acaloradas, David pediu o microfone e sugeriu, mansa e calmamente:

— Senhoras e senhores, nem tanto ao mar, nem tanto à terra. Sugiro que a capital da Ilha de Caballa seja, no prazo de vinte anos, transferida para a cidade de San Bartolomeu. Trata-se do povoado mais ao centro, é o coração da nossa ilha.

Aquele rapaz simples, caseiro e tímido, que jamais fora político, jamais gostara de aparecer, seria aplaudido de pé por todos os presentes.

David tornara-se o grande pacificador de seu país.

Capítulo XLI

A dor

Durante o período em que peregrinou pelo país, David deixou seus negócios sob as mãos competentes de seu cunhado e grande amigo Lorenzo, da sua cunhada Louise e do irmão Gabriel, que, apesar de não ter as habilidades comerciais de David, era de extrema confiança e dedicação.

Seus negócios iam de vento em popa. Seu pai, Julio Alphonso, cogitava comprar novas fazendas para a criação de gado. A dúvida com relação ao destino dos investimentos ficava entre Brasil ou Austrália, com maior chance para o segundo país já que seu neto, o veterinário Zahedan, mandava cartas ao avô falando das maravilhas do lugar, que apresentava mais atrativos, estabilidade e segurança do que o país do futebol.

No ano de mil novecentos e noventa e sete, com a pacificação da Ilha de Caballa, a vida do empresário e conselheiro David seguia com uma agenda social bastante agitada. Ele transformara-se numa espécie de celebridade oculta. Ninguém o conhecia, mas a população, os políticos e os artistas tinham enorme respeito e admiração pelo empresário David Kissajikian Larrosa.

O casamento, esse seguia cada vez pior. Ada entrava e saía das depressões e dona Antonia já apresentava sinais de cansaço. Naquela casa, David tinha apenas a companhia divertida e carinhosa do cunhado Javier.

Como Deus pôde criar um ser de tanta luz?

Num domingo, último dia do mês de agosto daquele ano, David estava numa pizzaria com a mulher Ada, seu cunhado Javier, dona Antonia, Lorenzo e família, Gabriel e Louise e mais alguns amigos – todos comemorando o aniversário de Javier –, quando a TV do estabelecimento anunciou a fatídica e precoce morte de Diana Frances Spencer.

A Princesa de Gales, mãe dos príncipes William e Harry, do Reino Unido sofrera um acidente terrível, quando o carro onde estava com seu namorado, o milionário egípcio Dodial-Fayed, espatifou-se contra o décimo terceiro pilar do Túnel Alma, que atravessa o Rio Sena, muito próximo à Torre Eiffel.

O acidente, segundo investigações da polícia britânica, foi causado por excesso de velocidade e pela embriaguez do motorista, Henri Paul. O único sobrevivente da tragédia foi o guarda-costas da princesa, Trevor Rees-Jones, que estava no banco do carona.

O sargento francês Xavier Gourmelon, que liderou a equipe de resgate naquela noite em Paris, retirou a princesa com vida do veículo, quando ouviu dela apenas uma frase curta: "Meu Deus, o que aconteceu?".

Exatamente às 5h30 de uma madrugada triste, um comunicado oficial emitido pelo Hospital Pitie-Salpetriere, em Paris, deixava claro e oficial que o bombeiro francês seria o último homem do planeta a ouvir a doce voz da Princesa "Lady Di" que, para tristeza e lágrimas no mundo inteiro, calara-se para sempre.

Logo após o jantar, os parabéns e o bolo, quando ia para o estacionamento do restaurante, David sentiu formigamento e fraqueza nas pernas, mas conseguiu dirigir o carro até a sua casa normalmente. Em casa, quando se preparava para tomar banho, sentiu uma dor absurda e inexplicável na mão esquerda. Coisa boa não era. Então ligou imediatamente para Lorenzo, enquanto Ada o levava para a Santa Casa. Agora era ele quem estava precisando de ajuda, agora era a vez do hospital retribuir-lhe os anos de dedicação e carinho que ele dispôs àquela instituição.

A internação foi imediata. Aferição da pressão arterial, exames de sangue, remédios para dor, perguntas sobre alimentação, picadas de insetos e eventual intoxicação alimentar.

Nada disso. O problema era sério, muito mais sério!

No dia seguinte, como se tratava de um paciente rico e poderoso, logo pela manhã vários médicos reuniram-se e o diagnóstico foi rápido, preciso e unânime: David apresentava um quadro de polineuropatia aguda, consequência de uma doença conhecida mundialmente como síndrome de Guillain-Barré.

A doença é batizada em reverência aos médicos franceses – Georges Guillain e Jean Alexandre Barré –, que no ano de mil novecentos e dezesseis, demonstraram a anormalidade característica do aumento das proteínas que ocorria no líquido da espinha dos pacientes acometidos pela doença.

Apesar de todos os medicamentos e cuidados, em aproximadamente um mês a saúde de David definhou. Formigamentos nas mãos e nos pés,

SAN BARTOLOMEU

dores horríveis nas pernas, fraqueza e flacidez muscular, paralisia facial, dificuldades na fala e na deglutição.

David estava praticamente morto. A doença tem caráter autoimune. O paciente produz anticorpos contra sua própria mielina, substância responsável pela condução dos impulsos nervosos. Com isso, os nervos acometidos não podem transmitir os sinais que vêm do sistema nervoso central com eficiência, levando a uma perda da habilidade dos grupos musculares em responderem aos comandos cerebrais.

Pouco poderia ser feito. Restava a sua mãe, Anahide, a Fanni e Giovanna rezarem diariamente na Igreja Matriz de Saint Martin para que a família não perdesse mais um filho.

Ada preferiu não comunicar nada aos filhos, pois pouca coisa eles poderiam fazer além de ficarem aflitos e preocupados. Dona Antonia, que desde sempre estimou o genro como um filho, entrou em desespero, depois foi acometida de uma tristeza mórbida, que desencadeou um processo de depressão.

Naquele leito de hospital, David permaneceu inerte por cento e quarenta e seis dias, dezoito deles na unidade de terapia intensiva.

Foi num desses dias em que esteve internado na UTI que ele, pela primeira e única vez, viu a paz.

De repente, todas as angústias, todas as dores, foram cessando. Não havia mais frio nem calor – somente uma sensação de bem-estar e de leveza indescritível. Uma luz branca que clareava uma espécie de túnel. No fundo do túnel, algumas pessoas vestidas de branco. Embora tenha olhado de relance, David jamais esqueceria uma delas. Tratava-se de um senhor moreno, com pouco mais de 70 anos, cabelos grisalhos e barba por fazer. O velho sorriu para ele.

Quando se preparava para correr e abraçar o avô, sentiu um choque tremendo no peito e com ele, de volta, todos os barulhos, todas as dores, todas as amarguras e aquele cheiro insuportável de remédios.

A voz rouca e a face avermelhada eram inconfundíveis. Doutor Maurício Antonio, o descendente de italianos, cardiologista-chefe da Santa Casa de Misericórdia de Santa Clara, gritou esfuziante:

— Ressuscitamos o David! O David está vivo!

E assim, após intenso tratamento à base de anticorpos e alimentação intravenosa, no final do primeiro mês do ano de mil novecentos e noventa e oito, David foi enviado para a casa, quase tão magro como o irmãozinho Expeditum, porém vivo.

No dia em que saía do hospital, um paciente, sentado em uma cadeira de rodas num dos corredores chamou sua atenção.

— Seu Nagib?

O velho falava baixinho, balbuciava com dificuldades. O AVC deixara sequelas. Segurou trêmulo nas mãos fracas de David. A enfermeira ajudou na comunicação.

— Seu David, o seu Nagib todo dia pergunta por uma tal de Lolla. Se o senhor conhecer ou vier a ter contato com alguma mulher com esse nome, por favor, peça para visitá-lo.

David sorriu, ficou feliz. Mais uma vez o destino jogava em suas mãos a chance de pacificar os corações.

Quando retornou para casa, David viu reunidos todos os parentes e pessoas mais próximas. Os três filhos e até o irmão Rafael viera da Amazônia para ver o irmão dodói. David emocionou-se muito com essa reunião. Como diria o amigo do vô Joshua, "não tá morto quem peleja".

Aproveitou e contou para dona Lolla sobre a internação e a doença de seu Nagib.

— Vai lá, dona Lolla. Faz uma visita para ele. Se o seu coração aceitar, traga ele para passar o resto de seus dias perto de nós.

Dona Lolla fez uma breve reflexão e emocionou-se.

— Será que eu consigo perdoá-lo, David?

— Dona Lolla, uma vez eu disse para a minha mãe que é muito melhor a gente perdoar do que ser perdoado, até porque todos somos pecadores, não é?

Essa frase fez com que Dona Lolla recordasse que o seu passado de aventuras também pode ter machucado outros corações.

Mesmo com a volta para a casa, a vida de David continuava uma barra pesada. Foi praticamente um ano de repouso, cadeira de rodas, dificuldades para se alimentar, tomar banho, muitos remédios, muitos cuidados e dores, muitas dores.

Pouco tempo depois, a casa de dona Lolla recebia um senhor acamado, inútil, inválido. A mulher aceitou de bom grado acolher aquele ser que tanto a desprezara na fase mais difícil de sua vida. Tanto a mansão de David como a casa de dona Lolla tinham agora em comum hóspedes ricos, muito ricos e sós, muito sós.

Gabriel ficou sabendo das novidades. Foi à casa de dona Lolla e encontrou seu Nagib. Abraçou o velho e lágrimas caíram dos olhos de ambos. O tempo, que tudo apaga ou diminui, desmanchou os ressentimentos causados pelos ciúmes do velho com as traquinagens da morena Medeia apaixonada pelo menino bonito.

Mas o tempo, que também tudo cansa, castigou David que, apesar de resignado e bem-humorado, viveu uma fase de enormes, gigantescas angústia e incredulidade.

No dia quinze de maio de mil novecentos e noventa e oito, ele lia o jornal, com destaque para a notícia do adeus de outro magnífico artista que o mundo admirava. No dia anterior morrera, aos 82, na cidade de West Hollywood, vizinha da famosa Beverly Hills, o cantor norte-americano Frank Albert Sinatra. Filho de imigrantes italianos, Sinatra foi um ícone de sua geração. Para se ter uma ideia do talento do cantor, a crítica e a imprensa apelidaram-no de "A Voz".

"A Voz" calou-se definitivamente às 22h50, no Centro Médico Cedars-Sinai. A esposa Bárbara foi quem ouviu as últimas palavras pronunciadas pelo astro: "I'm losing", ou seja, "Estou perdendo".

Sinatra foi sepultado vestindo um traje azul, ao lado de seus pais na ala B-8 do Desert Memorial Park, na cidade de Cathedral City, também na Califórnia. Pessoas próximas ao cantor afirmaram que junto ao seu corpo, foram sepultados uma garrafa de uísque Jack Daniel's, cigarros e uma moeda de 10 centavos (presente de sua filha, Tina).

Após a leitura do jornal, David analisou as últimas palavras do cantor e raciocinou: será que também estou perdendo?

Depois colocou o jornal sobre uma mesa de canto na sua grande sala de estar, esticou o corpo cansado e dolorido sobre o sofá, e como conhecia bem a sua esposa, percebeu que ela queria falar algo.

— Ada, você tem algo para me dizer, não tem?

— Davi, você e eu sempre soubemos que o nosso casamento foi um erro, não é?

— É verdade, Ada. No entanto, apesar de tudo, eu tenho um enorme carinho por você. Não te culpo nem me culpo, as coisas aconteceram porque tinham que acontecer.

— É verdade, meu querido. Se chegamos até aqui é porque assim tinha que ser. Mas penso que é chegado o momento e eu preciso lhe contar uma coisa.

— Conte Ada, abra seu coração.

— O nosso casamento acabou David, eu não suporto ver esse seu sofrimento, essa sua dor, esse cheiro de remédios. Eu vou visitar o Yerevan no Canadá, depois ficarei um tempo no Brasil com a Sophia e, posteriormente, terei uns dias com o Zá, na Austrália.

— E depois?

— Depois eu quero fazer uma especialização e, quem sabe, dar aulas. O Santiago, meu irmão, vive falando que a capital tem melhorado muito. Talvez eu mude para lá.

— Ada, você ainda tem alguma esperança de ver o professor, né?

— Talvez, David. Eu sei que você não vai ficar chateado se eu falar a verdade porque você também jamais tirou a espanholinha do coração, não é mesmo?

— Como você sabe da Tina, Ada?

— David, eu sempre tive boa relação com sua mãe, com a dona Fanni e com a Inês, que mora na fazenda de seu pai. Mulheres contam coisas umas para as outras. Sua mãe me disse que quando você era criança e a Tina mudou-se de cidade, você chorou o dia inteiro. Em cada música que você ouviu, em cada uísque que você bebeu nesses anos todos, eu enxerguei a saudade e a melancolia em seus olhos.

— É verdade, Ada. Mas uma coisa eu quero deixar bem claro é que apesar do nosso relacionamento não ter sido perfeito, eu sempre respeitei você e os nossos filhos e fui uma pessoa decente para você.

— Eu também, David. Procurei sempre dar o meu melhor. E acho que vencemos essa etapa. Mas penso que agora as crianças estão encaminhadas na vida e a gente ainda pode tentar ser feliz. Quando eu voltar de viagem, quero que você converse com o nosso advogado. Você me paga uma pensão mensal e continua com as empresas. Eu nunca tive ambição nem disposição para administrar tantos negócios. Eu quero paz e quero poder dizer para todos que você foi a melhor pessoa que eu conheci no mundo.

Na mente de David passou um filme épico: a amargura de uma vida não vivida ao lado de Ada, a sua doação total para as pessoas. De repente, bastou um ano doente, um ano cheirando a remédio, para ser descartado.

SAN BARTOLOMEU

Mas se o ditado valeu para sua mãe e para dona Lolla, haveria de valer também para ele: "David, é muito melhor perdoar que ser perdoado".

— Sem problemas, Ada. Eu sempre levarei no coração a pessoa honesta, a boa mãe e a companheira leal que você foi. Em tempo, a sua mãe não tem idade para mudar de cidade. Só peço que você deixe a dona Antonia e o Javier aqui para nós cuidarmos deles.

Mas cuidar como, se ele passava dias e noites na cama, contorcendo-se em dor. Na verdade, era a sogra e, principalmente, o cunhado, que, apesar das pequenas limitações causadas pela síndrome de Down, seriam sua tábua de salvação.

Comunicaram aos familiares e amigos sobre a separação. Dona Antonia já sabia da intenção da filha desde o dia do casamento. Depois, Ada seguiu viagem para visitar os filhos.

David, que suportou calado os vinte e sete anos de vida sem graça apenas para honrar a família, a partir de então estava só, de corpo e alma, ambos doloridos. A vontade de morrer só crescia em sua cabeça desanimada por tantas desilusões.

No entanto, passados alguns dias da partida da ex-mulher, o amigo Lorenzo, com seu tradicional bom humor, abriu-lhe uma janela de luz e esperança.

— David, você ainda é um cara novo e, apesar das dores, vem melhorando a cada dia. Eu trouxe aqui uma reportagem sobre a história do cantor brasileiro Ronnie Von. Ele teve um problema semelhante ao seu há quase vinte anos. Talvez o caso dele tenha sido até mais grave. Ele demorou três anos, mas venceu a doença praticamente sem nenhuma sequela. Quero que você leia, meu irmão.

— Poxa, Lorenzo… Obrigado, cara. Vou ler. E também vou levar suas palavras a sério.

— Além do mais, David, tem outra coisa… Agora o seu caminho está livre para ir atrás da Tina. Você tem dinheiro, tem prestígio. Trate de sarar logo, encontre-a e faça um pedido de casamento.

— E se ela for casada?

— Pelo menos você conta para ela sobre o tamanho do seu amor. Daí, quem sabe, mesmo que nada dê certo, o seu amor platônico desocupa seu coração e dá lugar a um novo amor, um de verdade. Você precisa resolver isso, amigo.

Em outubro desse mesmo ano, David, tal qual o ator Steven Seagal, no filme "Difícil de matar", iniciou um processo de fisioterapia, natação, academia e superalimentação. Um ano depois, tal qual o "O príncipe", o cantor brasileiro Ronnie Von, que vendeu mais de 10 milhões de discos, David estava pronto para a vida.

Além dos pais, da sogra, de dona Lolla, dos irmãos e das irmãs e de Louise, Esther, Leon e Fanni, David demorou quarenta e sete anos para descobrir, de fato, que os amigos contam-se nos dedos das mãos.

No caso dele, nem precisou das duas mãos, pois apenas Lorenzo e Javier visitaram David todos os dias, absolutamente todos os dias, durante o período em que esteve entrevado.

Capítulo XLII

Meu Deus!

David e Lorenzo sempre gostaram de futebol. Apesar do primeiro ter sido um limitado zagueiro e o segundo um goleiro sofrível, ambos, desde a Copa do México, em mil novecentos e setenta, quando assistiram à final no aparelho de TV do velho sheik, passaram a acompanhar jogos de futebol. Embora não fossem fanáticos, no dia seguinte a primeira coisa que olhavam nos jornais era a seção de esportes.

David era corintiano, Lorenzo era torcedor merengue, denominação atribuída aos apaixonados pelo Real Madrid.

No mês de janeiro do ano de dois mil, a Fifa, entidade máxima do futebol, promoveu o primeiro campeonato mundial de futebol interclubes, com sede em território brasileiro.

Na noite de sexta-feira, dia sete daquele mês, pela segunda vez na história, as equipes de coração de David e Lorenzo estariam frente a frente. Sport Club Corinthians Paulista e Real Madrid Club de Fútbol jogariam no Estádio do Morumbi, em São Paulo.

Se essa inusitada partida, numa sexta-feira, já era um grande motivo para festa, por feliz coincidência também marcava os 50 anos de Lorenzo. Seria, com certeza, uma data para a família jamais esquecer.

Infelizmente!

Por volta das 17 horas, Lorenzo foi ao supermercado para comprar tudo o que precisava para a festa. Quando desceu do carro no estacionamento do supermercado, Lorenzo sentiu uma dor aguda, que começava no antebraço esquerdo e seguia até o ombro. Além disso, sentiu um cansaço que não era normal no seu dia a dia.

A festa foi muito agradável e o empate no jogo deixou todos felizes. Os madridistas saíram na frente com um gol do craque Nicolas Anelka. Poucos minutos passados e a equipe brasileira empatou a partida com um gol do jogador baiano Edilson, apelidado de "Capetinha". No segundo tempo, a mesma coisa, só que dessa vez ao contrário: Edilson fez o segundo gol corintiano e novamente o fabuloso atacante francês empatou a partida.

Logo após o final do jogo, enquanto os homens ouviam música e comentavam sobre os lances e as mulheres ouviam música e tratavam de assuntos mais interessantes, Lorenzo levantou-se e foi ao banheiro, onde lhe veio uma crise de vômitos. Ele vomitou tudo o que tinha dentro do estômago e saiu do banheiro. Num esforço sobre-humano, caminhou em direção à sala e desmaiou no sofá.

Seu filho David Gabriel correu e abraçou o pai.

— Pai, não morre, pelo amor de Deus!

Dona Lolla, Esther e Murillo entraram em estado de choque. Nada mais podia ser feito.

Na tarde do dia seguinte, um sábado congelante, tal como no enterro de Dito, David fez questão de enterrar o amigo, cunhado e irmão no jazigo da família em Saint Martin.

Lorenzo de Médici Martinez
Meu irmão

Chegou em 07/01/1950, ensinou o amor e partiu em 07/01/2000

"As vezes em certos momentos difíceis da vida
Em que precisamos de alguém pra ajudar na saída,
A sua palavra de força, de fé e de carinho,
Me deu a certeza que eu nunca estive sozinho"

Sob a gaveta de vô Joshua, juntamente aos ossinhos da vó Giocconda, foi enterrado mais um membro da família e ali instalada uma nova placa.

Como tristeza pouca é bobagem, no dia seguinte ao retorno do velório do melhor amigo, David encontrou o outro grande amigo inconsolável. Javier chorava rios de lágrimas. O tempo, que tudo consome, acabara de encerrar a participação de Tupac no planeta Terra. O cachorrão amigo cumpriu com enorme docilidade, subserviência e dedicação a sua missão. Mas como explicar isso para Javier?

David abraçou aquele que era um misto de cunhado, irmão e amigo, sobretudo, amigo. Depois contou a história de quatro décadas antes, quando, com o avô, havia sepultado um grande amigo de quatro patas.

SAN BARTOLOMEU

Então convidou Javier e Gabriel para que, no dia seguinte, voltassem juntos à fazenda do pai em Saint Martin para sepultar Tupac na mesma sombra onde repousava o Sultão.

No dia seguinte bem cedo, pegaram novamente a estrada até a fazenda – mais de 600 quilômetros – para diminuir a chateação de Javier. Apesar do cansaço da viagem, David estava em paz, afinal, Javier merecia até uma volta ao mundo. Convidaram também Julio Alphonso, que a essa altura já era mais velho do que o vô Joshua. O tempo passou rápido demais.

Quando chegaram ao local, Gabriel apontou para onde Sultão havia sido enterrado.

O corpo de Tupac era enorme, ainda mais dentro de uma caixa. Foi preciso uma cova bem grande. Um capataz da fazenda, no auge da força física, cavou o buraco rapidamente – primeiro com uma enxada, depois com uma pá.

Quando estava no meio da empreitada, por uma enorme coincidência ou pela ótima capacidade mental de Gabriel, que indicara o local, eis que junto à terra escavada apareceu um potinho de alumínio carcomido pelo tempo.

David imediatamente lembrou-se do dia do enterro do vira-lata do avô. A situação era cruel, merencória. Seu choro foi compulsivo, uma dor causada pela saudade de quarenta anos de uma vida que não existiu, que não valeu a pena. Julio Alphonso e Gabriel, cujas existências eram bem mais simples e com boas pitadas de felicidade, entendiam as amarguras e as tristezas contidas em seu pranto.

Quando a cova ficou pronta, David pegou um pedaço de papel, rabiscou o desenho de um cachorro e pediu que Javier escrevesse algo na folha. Javier, emocionado, pegou a caneta e numa letra sofrível escreveu: "Tupac – meu amigão". David pegou a folha das mãos do cunhado e completou a frase: "do coração". Depois colocaram a folha de papel e o velho potinho de alumínio dentro da caixa junto ao corpo do cachorro grandão.

Há três dias sepultara o corpo de seu melhor amigo, que àquela altura já estava em decomposição. Agora, enquanto cobriam com terra o corpo do Tupac, David mentalmente perguntou-se: como pode um reles pote de alumínio durar mais que um homem?

Capítulo XLIII

Balanço

Embora as sucessões de acontecimentos do cotidiano, conhecido por muitos pela palavra "destino", se encarreguem de pavimentar a maioria das nossas estradas, dos desvios, das pedras no caminho, das mortes, das perdas e ganhos; David nasceu e cresceu ouvindo o velho avô, dizendo que, apesar dos seres humanos serem vulneráveis ao meio em que vivem, os mesmos também possuem inteligência para pensar, refletir sobre seus erros, mas sobretudo tentar mudar aquilo que pode ser mudado, ou seja, o futuro. Era hora de reflexão, ou como dizem os gestores, era hora para "balanço".

Cinquenta anos vitorioso na vida empresarial. Rico, porém solitário. Faltava tão pouco para ser feliz. Faltavam apenas quatro letras para espantar a sua solidão, suas amarguras, suas frustrações. Duas consoantes e duas vogais tão simples quanto distantes: a palavra ausente na sua vida era Tina.

O primeiro a deixá-lo foi o Sultão, quando David tinha ainda 10 anos de idade. Depois foi a vez do avô, que deixou muito dinheiro, mas uma saudade ainda maior. Mais tarde, quando começou a gostar e a admirar o futuro sogro, o doutor Narciso, David foi obrigado a fazer as honras em seu sepultamento.

Náhima, a profissional mais competente que esteve sob seu comando, embora tenha deixado como presente aquela belezinha da Sophia, também criou um vazio infinito ao partir tão cedo.

No Natal mais triste de todos foi a vez de Dito, aquele molequinho magricela e carinhoso, que causou enorme comoção no coração maltratado do irmão.

Os filhos e a mulher também partiram – estes pelo menos ainda podia reencontrar quando desejasse. Até Sophia, a mais querida, crescera, formara-se médica no Brasil e continuava seus estudos na antiga Roma.

E agora era a vez do Lorenzo e do Tupac fazerem a crueldade de partir assim, sem avisar ninguém. David estava com a saúde recuperada, mas o coração em frangalhos.

Meio século de vida, dinheiro, prestígio e solidão.

Tristeza não tem fim, felicidade sim!

Felicidade. O vô Joshua também falara sobre ela:

Saint Martin, 19 de maio de 1969.

Inicialmente, meus parabéns pelo seu aniversário de 18 anos.

No meu entendimento, hoje você se transforma definitivamente num homem. De acordo com as leis do nosso país, a partir de agora você é plenamente capaz. Veja bem, meu rapaz, plenamente capaz e responsável pelos seus atos.

O seu depósito foi realizado ontem, quando você ainda era menor. A partir de agora cuide para valer dos seus interesses, pois, doravante, ninguém fará isso para você.

David, se você guardou as minhas cartas anteriores, perceberá que eu já lhe falei algumas coisas sobre negócios e dinheiro. Falei sobre família e amizade. Escrevi também sobre a necessidade que nós, homens, frágeis e falíveis, temos de acreditar em algo além do que enxergamos, ou seja, a fé.

Agora vou tecer para você, meu estimado neto, meus comentários sobre um assunto de extrema importância para que a nossa existência terrena seja um pouco mais doce. Trata-se do equilíbrio e da paz de espírito, cujas pequenas dicas para buscá-los passo a descrevê-las a seguir, gratuitamente, para você:

O Universo foi criado com inúmeras cores, ou seja, uns gostam de uma cor, outros de outra e outros tais de outras tais. Assim, mesmo que discordemos, devemos sempre respeitar as opiniões alheias.

Vícios! Todo homem, para não enlouquecer, tem o direito de possuir pequenos vícios. Note bem, pequenos! Bebidas, jogos, sexo, religião, remédio e até água em demasia fazem mal.

Perdão! Quem perdoa vive melhor, principalmente aquele que aprende a perdoar a si próprio.

SAN BARTOLOMEU

Conversas erradas! Evite fofocas, procure elogiar sempre e só fazer críticas em último caso. Evite constranger as pessoas.

Comportamento! Seja pontual, gentil e educado. Converse olhando nos olhos dos outros. Abra a porta para as pessoas. Dê a cadeira para um idoso sentar-se. Ofereça ajuda sem pedir nada em troca.

Comunicação! Bom dia. Obrigado. Pois não. Tudo bem? Com licença. Posso ajudá-lo? São palavras curtas, mas que ecoam longe.

Credibilidade! Uma mentira demora muito para se transformar em verdade. Em contrapartida, a verdade não precisa de versões.

David, o segredo de uma existência razoavelmente feliz é temperar a vida com um pouco de cada coisa.

Nem só dinheiro, nem só trabalho, nem só lazer, nem só a paz. Eu demorei bastante tempo para perceber isso e espero que você enxergue logo a necessidade desse equilíbrio.

E, finalmente, encerro dizendo algo que pode parecer paradoxal.

Embora seja nossa obrigação fazer tudo certo, vez por outra também nos cabe jogar tudo para cima e sair de baixo para que o Universo rearranje as coisas.

Lembre-se que até o Grande Mestre, com toda a sua resignação, humildade e sabedoria, uma vez tomou um chicote e expulsou os comerciantes do Templo Sagrado de Jerusalém.

Não queira ser perfeito. Nós estamos aqui para evoluir.

Felicidades sempre, meu neto do coração!

David não tinha dúvidas. Tal como fez o seu irmão Rafael, era chegada a sua hora de fazer mudanças.

No primeiro semestre daquele ano de dois mil e um, David passou os poderes para que Louise assumisse a presidência executiva e promovesse a abertura de capital do Grupo Saint Martin. David seria apenas o presidente de honra do grupo.

Então convenceu Esther, Dona Lolla, Murillo, David Gabriel e seu Nagib a mudarem-se para a sua enorme casa. Lá, juntamente a dona Antonia e Javier, ninguém padeceria de solidão. Depois disso, resolveu viajar, queria um ano sem compromissos. Quando voltasse, realizaria o sonho de Expeditum de construir, em sua fazenda, um haras para repouso de cavalos idosos. Também dedicar-se-ia à filantropia, talvez aceitar o convite de entrar para a política ou mesmo assumir a provedoria da Santa Casa.

De seu futuro Deus cuidaria.

Agora era rezar para que durante o próximo ano nenhuma notícia sobre quedas de um Boeing aparecesse nos jornais. David, definitivamente, não apreciava aviões.

"Vai meu amigo, Boeing", seu cara de tubarão. Corre, decola, levanta rápido esse corpanzil do chão e como a "Skyline Pigeon" do Elton John, transporte-me para um mundo mais feliz, longe deste quarto escuro, tanto faz que seja para sorrir ou para chorar, para viver ou para morrer...".

Capítulo XLIV

San Bartolomeu

Quem tem boca vai a Roma! Quem paga a passagem também. Por volta das 22h, após breve conexão em Madrid, o avião da empresa italiana, para alívio de David, pousou suavemente na pista central, sentido leste do Aeroporto Internacional Leonardo da Vinci, também conhecido como "Aeroporto Fiumicino", por ser esse o nome da cidade vizinha de Roma, onde ele localiza-se, a poucos metros das águas azuis do Mar Tirreno.

Sophia esperava ansiosa pelo pai e como não poderia ser diferente numa noite de sexta-feira em Roma, do aeroporto o táxi seguiu para uma pizzaria, onde a conversa de pai e filha avançou madrugada adentro.

Naquele dia, David contou para a sua filha sobre o amor platônico que vivia desde os 10 até os atuais 50 anos.

No final da conversa, Sophia fez um convite ao seu estimado hóspede:

— Pai, amanhã, ou melhor, hoje, por volta das 10h, eu vou até o Hospital da Ilha Tiberina. Vou conhecer a minha nova orientadora. Quer ir comigo?

— Claro, filha. Estou aqui por sua conta e risco. Você disse Ilha Tiberina?

— Isso mesmo. É lá que a minha nova professora faz trabalhos voluntários aos sábados. Aqui em Roma quase tudo é história. O hospital em que nós vamos encontrar a minha orientadora tem mais de quatrocentos anos e fica na Ilha Tiberina, a única ilha pluvial de Roma, que fica no Rio Tibre.

— Eu já ouvi falar muito desse local. E por coincidência, eu tenho algo para fazer lá.

— Verdade, pai? Qual é a sua tarefa num lugar tão exótico?

— Então Sophia, essa ilha foi um dos lugares onde o meu avô Joshua esteve com a vó Giocconda em lua de mel. Lá ele pegou duas pequenas pedras de lembrança para assentá-las na casa que iria construir com a esposa. Mas com a morte precoce da vó no parto da minha mãe, ele perdeu a ilusão. Quando faleceu, me deixou uma carta pedindo para devolver as pedras no leito do Rio Tibre

— Que história bonita, pai… Triste, mas bonita.

— Além das duas pedras do meu avô, eu também tenho uma que foi usada para escrever a minha declaração de amor naquele dia da confusão em que, infelizmente, como você já sabe, seu tio Gabriel acabou baleando o rapaz.

— Mas essa você não vai jogar, vai?

— Também vou entregá-la às águas. Preciso tentar me libertar desse passado.

— Que pena, pai... Queria tanto que você fosse feliz... A propósito, vamos descansar. Fiquei sabendo que a doutora Carmencita gosta de gente pontual.

— Como é que é, Sophia? Doutora o quê?

— Isso, papai... Esse é o nome da minha orientadora, Carmencita Cristina. Por ora é tudo que sei sobre ela.

Meu Deus, não podia ser verdade! Tina fora embora para Madrid com o intuito de estudar Medicina. Madrid, Barcelona, Milão, Turim, Roma, todas muito próximas.

Apesar de muito cansado, o sono de David foi turbulento, confuso, uma louca viagem. Porém, ainda sem se recuperar plenamente, como de costume David acordou cedo e tomou um banho refrescante. O verão romano era intenso, muito quente, mas ele sentia-se incrivelmente confortável. Estava bem e feliz.

Após o café da manhã e quase uma hora enfeitando-se, Sophia chamou um táxi e os dois seguiram até o local onde a orientadora prestava serviços voluntários aos sábados.

A capital da Itália estava em polvorosa, pois era dia de clássico. A partir das 17h, o Estádio Olímpico, com mais de 80 mil pessoas, seria palco de Roma x Lazio. Como pode um simples jogo de futebol envolver tanta paixão, tantos fogos, tanta buzina, tanto barulho?

Chegaram ao hospital e foram encaminhados para uma pequena sala de reunião. Aguardaram por volta de 10 minutos pela chegada da doutora Carmem, que, a partir de segunda-feira, seria a orientadora de Sophia no curso de Mestrado em Neurologia em que a jovem havia ingressado. David folheava uma revista sobre os pontos turísticos da velha Roma quando uma mulher de extrema elegância entrou na sala. Sophia, sorridente, levantou-se para cumprimentar a doutora.

— Doutora Carmem?

— Sim.

David levantou o olhar – "Meu Deus não pode ser verdade!", pensou

— Tina?

— David?

A cena era surreal. Diante de David estava, de trajes brancos, mais linda do que nunca, a espanholinha, a sua eterna namorada.

— Posso te dar um abraço?

— Claro, David.

O cheiro do seu cabelo era o mesmo. Ambos desandaram a chorar, para espanto de Sophia, que ainda não entendera aquela cena.

David pensou: depois de chegar aos 50 anos, depois de tanta coisa vivida, depois de pacificar um país, lembrou-se das palavras de coragem do "irmão" Lorenzo e, agora, justamente agora, não perderia para a timidez.

— Sophia, minha filha, sabe ontem, quando eu lhe falei do amor que sinto por uma pessoa desde os 10 anos de idade? Do amor tão grande que não cabe no meu peito?

— Sim, papai.

— Pois então, a dona desse amor maior do que o mundo está aqui na nossa frente e é a sua orientadora, a doutora Carmencita Cristina Ibañez de Alcazar.

— Poxa, David, como esse mundo é pequeno. Você não sabe a falta que eu sempre senti de você. E agora quer dizer que a sua filha Sophia será minha aluna. Vocês nem imaginam a alegria que eu estou sentindo!

— Pode ter certeza de que a minha alegria é recíproca, doutora. Ainda mais porque a sua reputação na faculdade é extraordinária.

— Imagina. Bondade sua, menina. Segunda-feira, às 14h, a gente se vê na Universidade, certo?

Quando iam se despedir, Tina pediu à Sophia para falar em particular com David.

— David, onde está a sua esposa, mãe da Sophia?

— Então Tina… Nós nos separamos há algum tempo. E você? Casou-se, tem filhos?

— Não, David. Eu não me dei tempo de constituir família. Passei meus finais de semana em hospitais ajudando os outros, e como canta Julio Iglesias, "me esqueci de viver os detalhes pequenos".

— Você se arrepende?

— De dois minutos para cá, não.

— Que lindo ouvir isso, Tina. Eu te amo mais do que tudo neste mundo. A minha vida inteira sonhei em encontrá-la novamente.

— David, eu tenho alguns compromissos aqui no hospital até às 12h. Por que você não me espera para almoçarmos juntos? A ilha é muito interessante e tem restaurante. Se a Sophia quiser ir para a casa, depois eu lhe dou uma carona.

— Puxa, Tina, hoje é o dia mais feliz da minha vida!

— David, você também não imagina a alegria que estou sentindo! Parece que voltei aos meus 17 anos!

Então ambos deram as mãos e abraçaram-se novamente. Um empresário de 50 anos, calejado e machucado pela vida. Uma doutora de 47 anos. Dois adolescentes voltando décadas num tempo não vivido.

Então David saiu ao encontro da filha. Não sabia se corria, se ria ou se chorava. Precisava conhecer aquele local, onde o velho sheik andara de mãos dadas com seu amor há muitas décadas.

A pequena Ilha Tiberina, com menos de três hectares, guardava muitas histórias e muitos encantos.

Ali, ligando a ilha ao lado oeste, no Bairro de Trastevere, fica a Ponte Céstio, construída no ano de quarenta e seis antes de Cristo por Lucio Céstio para depois, no ano de trezentos e setenta da era cristã, ser reconstruída com materiais retirados do Teatro Marcello.

Na saída ao lado leste, próxima ao Teatro Marcello, está a Ponte Fabrício, que, segundo os historiadores, é a ponte mais antiga de Roma, construída no ano de sessenta e dois antes de Cristo. A ilha abriga também, em pleno funcionamento, o Hospital Fatebene Fratelli, com mais de quatrocentos anos, e a pequena Igreja de San Giovanni Cabilita.

Além de todos esses atrativos, das praças, dos bares e restaurantes, mais ao sul da ilha está localizada a belíssima Basílica di San Bartolomeo all Isola.

Após o passeio pela Ilha, Sophia foi para casa e deixou o pai ali para almoçar com a mulher de sua vida. Antes do almoço, pararam para conversar. A saudade era imensa e David não sentia fome. Sentaram-se próximos a um obelisco quadrangular no centro da praça, em frente à Basílica.

E assim quis o destino que novamente ele, São Bartolomeu, depois de três décadas, estivesse próximo, assistindo a um novo encontro entre aqueles dois.

— Por que naquela época que você se mudou para o oeste não me levou com você, David?

— Desculpa, Tina. A minha timidez atrapalhava minha autoconfiança. Eu me arrependo muito de fugir daquele amor.

E, então, David mostrou as três pedras a Tina e contou a história delas. Tina olhou aquele resto de tijolo e lembrou-se da calçada da escola no dia seguinte: *"Tina, eu te amo"*.

Depois David pediu licença e contou o seu passado de angústia, do seu amor platônico, da música da cantora inglesa que escolhera para lembrar-se de Tina, das suas vitórias e perdas, nos trinta anos fatigados, longe de seu amor. Quando chegou ao final de sua história, emocionado, ele abriu seu coração:

— Tina, estas três pedras que estão na minha mão estão prestes a serem atiradas no Rio Tibre.

E continuou...

— Serão levadas pelas águas ou servirão para o alicerce da nossa casa. Casa comigo? Os olhos de David estavam marejados. A médica nem se recordava mais daquela sensação de coração disparado, de pré-adolescente prestes ao primeiro beijo.

— David, guarde as pedras. Você não faz ideia de quantas vezes eu sonhei com este momento.

SAN BARTOLOMEU

David beijou a boca de sua eterna namorada pela terceira vez na vida. Depois, abraçaram-se forte e demoradamente. Então o empresário pôde sentir novamente o eterno cheiro doce daquele lindo cabelo.

A cena era inacreditável. Tudo era mais forte, mais vibrante, mais colorido do que sempre fora em sua vida sem graça. O sol não queimava e a sensação de paz e bem-estar abraçou seu corpo.

— Tina, eu te amo. Sempre te amei.

— Eu também te amo, David. Só tem uma condição para o nosso casamento. Mesmo que a gente não possa se casar no religioso, eu quero que a nossa festa seja realizada no salão da Igreja de San Bartolomeu, em Musgravite, aquele mesmo lugar onde nos beijamos pela última, aliás, penúltima vez, há trinta anos.

Nessa mesma tarde, eles foram a uma joalheria. Depois voltaram à ilha, onde trocaram as alianças. Sophia era a fotógrafa.

— Tina, escolhe uma música para a nossa festa de casamento...

— Assim, de repente, não sei... "Perhaps Love". Pode ser?

E ali, sobre a Ponte Fabrício, exatamente no coração da Ilha Tiberina, como num sonho, David viu passar em sua mente a festa da união com a mulher de sua vida. E como se tivesse sido combinado com a alegria do casal, o céu de Roma pipocava em fogos de artifícios.

À noite, foram a um restaurante. David vestia um terno Armani de corte impecável. A Itália sabe fazer comida, barulho e gente bem vestida. Sophia, mais apaixonada pela história do que o próprio casal. Carmencita Cristina estava mais encantadora do que a própria "linda mulher" Julia Roberts.

A noite foi maravilhosa e, no final, o casal ainda teve o prazer de ouvir o som mágico das mãozinhas delicadas de Sophia no piano bar: "Bridge over troubled Water", "Do You Wanna Dance?" e, finalmente, "Wuthering Heights".

Então a noite continuou. Eles saíram do restaurante e entraram num táxi. Mesmo num final de semana, às 2h, o trânsito era bastante tranquilo. Assim, em vinte minutos Sophia já estava descansando em seu apartamento. David, pela primeira vez na vida, dormiria com sua amada. Seria a noite de seus sonhos. Exatamente, no futuro de um pretérito.

Algumas quadras longe da pizzaria, quando saía da Via Solferino para entrar na Via Gaeta, próximo ao Largo Giovanni Montemartini, o carro em que estavam foi "atropelado" por um automóvel em alta velocidade. Ninguém se machucou, mas o taxista Giancarlo Castagnaro, um homem de 45 anos, zeloso por seu automóvel, desceu para conversar com o motorista infrator.

No outro carro estavam três jovens, visivelmente alterados e carregando uma bandeira do Roma. O confronto foi inevitável. Mal começou a falar e o chofer foi agredido pelos rapazes. Mas o taxista era corado e bom de briga. David, ainda com o corpo pesado pela doença recente e prejudicado pelo vinho e pelo cansaço, desceu para apaziguar a situação.

O Roma havia vencido o arquirrival por 4 a 0. Àquela altura da madrugada, em frente aos bares ainda se ouviam rojões e fogos coloridos.

Antes que alguns pedestres chegassem ao local, um dos rapazes correu até o carro e voltou sorrateiramente com a mão sob a jaqueta "Armani".

O rádio do táxi tocava uma famosa música italiana na voz aveludada do cantor Pepino di Capri:

"♫ Champanhe para um doce segredo
Para nós um amor proibido
No entanto resta somente um copo
E uma lembrança da minha ilusão ♪ ".

A gritaria e a confusão eram grandes

De repente, um outro estampido ecoou na noite barulhenta da capital italiana.

"De repente, não mais que de repente", do alvoroço fez-se o silêncio...

~

O casamento seria no final do ano. David adiaria mais uma vez sua viagem ao Oriente.

O local de festas da pequena comunidade de San Bartolomeu de Musgravite estava todo enfeitado e preparado para a cerimônia do casamento civil.

SAN BARTOLOMEU

David, do lado de fora do recinto, na espera infindável da noiva que não chegava, olhou e enxergou todos os parentes e amigos esperando os nubentes. Aquela cena parecia um sonho. Numa das mesas estava o seu amigo, sócio e presidente da República de Caballa, Dom Alejandro Ortega Aranguiz, com sua esposa Dani, a corretora de imóveis, rodeados de gente importante.

Javier, bem vestido, alegre e de olho no bolo do casamento.

De repente, David fixou o olhar em direção a um imenso pinheiro localizado no quadrante noroeste da praça central de San Bartolomeu e muito próximo ao salão de festas animado.

Ali, sob aquela espécie frondosa, uma cena muito mais simples chamou-lhe a atenção. Uma mesa rodeada por uma claridade impressionante e ao seu redor cinco pessoas conversando alegremente.

Um homem calmo, de terno e gravata, com um cigarro na mão, que, com certeza, era o doutor Narciso. Ao seu lado esquerdo um jovem branquinho, maquiado e delicado – era Expeditum, elegantemente vestido em tons de rosa-claro, camisa branca e uma gravatinha borboleta bordô. No outro lado da mesa havia um rapaz alto, moreno e forte – era Lorenzo, que comia uma coxa de frango e sorria com seus dentes branquíssimos. Muito próxima a Lorenzo, uma moça nova e elegante – era a mãe de Sophia, a paixão secreta de Lorenzo. Era Náhima, que partira tão cedo.

Finalmente, na ponta da mesa restava sentado um velho rústico, queimado de sol, cabelos grisalhos e barba por fazer. Na mão direita, uma taça de vinho tinto, nem doce, nem seco. Aquele sorriso alegre era do vô Joshua, o velho sheik, que viera ao mundo para plantar sementes.

Ao lado da mesa notava-se a presença de dois cães. Um vira-lata miúdo de nome Sultão, que não dava sossego ao outro cachorro, um pastor maremano, dócil e peludo, chamado Tupac.

O velho olhou nos olhos de David, então sorriu e gesticulou, erguendo a taça, como se o convidasse para um brinde. Numa fração de segundos, David recordou-se do passado e agradeceu mentalmente àquelas pessoas tão queridas.

Valeu, meus amigos. Valeu a pena, meu irmãozinho querido. Obrigado por tudo, vô. A vocês, Sultão e Tupac, também fica a minha gratidão. Vocês me ensinaram o que é o amor incondicional.

A tristeza e a melancolia acabaram, faziam parte do passado, daquele passado que não foi vivido. Tudo era intenso. Tudo era luz. Tudo era festa!

Só restava cumprir seu desejo: entrar no recinto, dizer "sim", receber os cumprimentos, abraçar a moça de cabelo cheiroso e vestido branco para depois, *"enamorado por primera vez"*, dançar ao som da canção por ela escolhida:

"♪ *Oh, o amor para alguns é como uma nuvem,*
Para outros, tão forte quanto o aço.
Para alguns um modo de vida, para outros uma forma de sentir.
Alguns dizem que o amor é agarrar-se e outros dizem que é deixar ir.
E alguns dizem que o amor é tudo, outros dizem que não sabem.
Talvez o amor seja como o oceano, cheio de conflitos, cheio de dor
Como uma lareira quando faz frio lá fora, como o trovão quando chove.
E se eu vivesse para sempre, e todos os meus sonhos fossem realizados.
Minhas lembranças de amor seriam de você ♪".